大通禅师神秀祖影

元稹集·度门寺

[唐] 元稹

北祖三禅地,西山万树松。
门临溪一带,桥映竹千重。
剪凿基阶正,包藏景气浓。
诸岩分院宇,双岭抱垣墉。
舍利开层塔,香炉占小峰。
道场居士置,经藏大师封。
太子知栽植,神王守要冲。
由旬排讲座,丈六写真容。
佛语迦陵说,僧行猛虎从。
修罗拾日拒,楼至拔霜锋。
画井枯朽,穿池救喁喁。
蕉非难败坏,槿喻暂丰茸。
宝界留遗事,金棺灭去踪。
钵传烘玛瑙,石长翠芙蓉。
影帐纱全落,绳床土半壅。
荒林迷醉象,危壁亚蟠龙。
行色岭初月,归程待晓钟。
心源晏了了,尘世苦憧憧。
宿荫高声忏,斋粮乘力舂。
他生再来此,还愿忌相逢。

度门寺山门

重刻《大通禅师碑》

度门寺大雄宝殿

度门寺经幢

度门寺禅堂

度门寺剪影

度门寺航拍全景图

韩传强 著

心镜孤悬

《大通禅师碑》校释与研究

商务印书馆
The Commercial Press

本书由湖北当阳度门寺、
山西凯嘉能源集团资助出版

序

佛教自两汉之际传入中国后,便在与中国本土文化相互交流、碰撞、融摄的过程中逐渐走上了中国化道路。隋唐时期,多个颇具有中国特色的佛教宗派形成,禅宗是其中的典型代表,而神秀及其后学,便是7世纪80年代至"安史之乱"结束前最具影响力的禅宗一脉。

《大通禅师碑》为湖北境内所存唐代石碑,由中书令燕国公范阳张说撰文,黄门侍郎范阳卢藏用书丹,碑文1300余言,陈述了大通禅师生平、师承、禅法及其与僧尼、士大夫、宰官以及帝王之间的互动和交流,是研究初期禅宗乃至隋唐佛教的一份重要史料,也是唐初北宗禅发展的缩影。

"大通禅师""大通和上",是被尊为"两京法主,三帝国师"的神秀禅师圆寂后,唐中宗所赐之谥号。神秀禅师为禅宗五祖弘忍禅师的"十大弟子"之一,弘忍禅师曾以"东山之法,尽在秀矣""吾度人多矣,至于悬解圆照,无先汝者"等赞许之。神秀禅师是北宗禅的开创者,也是初期禅史中一位颇具影响力的高僧,世有"南能北秀"之称。

《心镜孤悬——〈大通禅师碑〉校释与研究》一书,以《大通禅师碑》的校勘为基点,在对《大通禅师碑》基本架构、关键语词进行诠释的基础上,分析、讨论了《大通禅师碑》的文本关涉和相关论题,呈现了《大通禅师碑》之于神秀、北宗禅乃至初期禅宗史的重要意义。

本书是对神秀、北宗禅以及初期禅宗史的一项个案研究。通过本书,读者可以走近神秀禅师及其生活年代,了解神秀禅师的行谊和北宗禅的肇始。此外,本书图文并茂,既对《大通禅师碑》文本进行了录校,也对该碑所存相关拓片进行了剪接,为佛教界和书法界提供了一份重要史料。同时,本书在对《大通禅师碑》内容进行较为深入研究的基础上,进一步探讨了《大通禅师碑》与神秀禅师的关系、北宗禅与大唐气象以及北宗禅的消融与式微等相关论题。凡此等等,对于推进北宗禅乃至唐宋时期禅学思想的研究都颇有助益。

韩传强教授自2009年在南京大学哲学系(宗教学系)攻读博士学位以来,一直关注北宗禅这一研究领域,围绕北宗禅,先后出版专著2部,发表论文20余篇,既对北宗禅本身展开了专题研究,又将北宗禅放到唐五代之后的中国佛教发展史中进行考察,有助于人们较全面地了解北宗禅的思想价值和历史作用。

暮春夏初,得悉韩传强博士撰写的《心镜孤悬——〈大通禅师碑〉校释与研究》一书将由商务印书馆出版,值此论著付梓之际,随喜写上几句,希望韩传强博士笔耕不辍,勇于精进,将自己的学术研究不断推向新的高度。

是为序。

赖永海

2022年5月6日于南京大学

目 录

前言 ·· 1

第一章　《大通禅师碑》文本梳理 ······································ 3
　　第一节　《大通禅师碑》文本整理 ···································· 5
　　第二节　《大通禅师碑》拓本节选 ··································· 18

第二章　《大通禅师碑》内容诠释 ····································· 93
　　第一节　《大通禅师碑》基本架构 ··································· 95
　　第二节　《大通禅师碑》关键词语 ·································· 106

第三章　《大通禅师碑》意义关涉 ···································· 145
　　第一节　《大通禅师碑》与释神秀 ·································· 147
　　第二节　《大通禅师碑》与北宗禅 ·································· 168

第四章　《大通禅师碑》相关论题 ···································· 177
　　第一节　神秀禅师行谊与生活时代 ·································· 179
　　第二节　北宗禅的肇始与唐代禅宗 ·································· 192

附录 ·· 209

参考文献 ·· 214

后记 ·· 219

前　言

神秀禅师(606—706)是隋唐之际一位重要的高僧,其对禅宗乃至隋唐佛教的发展,都产生了重要影响。神秀禅师晚年应诏于两京传法布道,被尊为"两京法主,三帝国师"。神秀禅师圆寂后,唐中宗册谥"大通禅师",《大通禅师之碑》(本书以下统称"《大通禅师碑》")便是由燕国公张说撰文、黄门侍郎卢藏用书丹的一份碑记。

就"大通禅师碑"而言,目前未见有保存完整的古代碑石,即便有拓片,也是晚清之际的残碑拓本。这类拓本和图片散见于湖北利川博物馆、湖北当阳度门寺、日本学者常盘大定的《中国文化史迹》及孔夫子旧书网等机构和史料中。本书以现存残碑拓本为据,结合《张说之文集》《文苑英华》《全唐文》等史料所收文本,对之进行整理、校勘,以呈现《大通禅师碑》的传抄与嬗变过程。

《大通禅师碑》作于神秀禅师圆寂后不久,其对神秀禅师生平履历的介绍,对神秀禅师禅法思想的论释,以及对神秀禅师与王室、宰官、文人士大夫交往的记述,是研究神秀禅师、北宗禅乃至初期禅的重要史料。可以说,神秀禅师的人际圈,不仅是研究神秀禅师生平履历的重要史料,也是彰显北宗禅、初期禅乃至隋唐佛教发展变化的一个重要切入点。

《大通禅师碑》以神秀禅师的生平履历为时轴,向我们展示了神秀禅师生活的年代及其历史变迁,而以《大通禅师碑》为坐标展开考察,则可以管窥神秀禅师之于北宗禅、北宗禅之于隋以降中国佛教的传承、演变与分化之迹。

相较于浩瀚的禅宗文献乃至佛教文献而言,《大通禅师碑》只是一鳞半爪,但对其进行梳理和剖析,有助于我们对禅宗祖庭文化、北宗禅发展历程、初期禅宗史的演进等论题进行管窥。

第一章
《大通禅师碑》文本梳理

《大通禅师碑》的盛行,一方面彰显了神秀禅师在禅学界的影响力,另一方面也凸显了学界对北宗禅的关注之切。无论从碑刻与文本的数量,还是从僧界至俗世的参与程度来看,都足见神秀禅师对禅学界乃至佛教界的影响之巨。

第一节 《大通禅师碑》文本整理

《大通禅师碑》自产生以来,一直被学界所关注,虽然完整的实体性碑石现已不存,但《张说之文集》《文苑英华》《唐文粹》《全唐文》等史料对碑文皆有收录,度门寺、利川博物馆等机构对拓本也有收藏,这为本研究提供了重要的文本资源。

一、《大通禅师碑》文本信息

《唐国师玉泉寺大通禅师碑》(下称《大通禅师碑》)是学界比较关注的文献,其撰者为张说,在《张燕公集》[①]《唐文粹》《全唐文》等文献中均收录有该碑文。具体而言:

(1)《四部丛刊》影印上海涵芬楼藏明代嘉靖丁酉(嘉靖十六年,即公元1537年)伍氏龙池草堂刻本《张说之文集》(扉页作《张燕公集》,

---

① 需要说明的是,由于传世的《张燕公集》版本较多,即便是同收于《张燕公集》的《大通禅师碑》,在文字表述上也有些许差异。

今据正文署名)25卷,《唐玉泉寺大通禅师碑》收于《张说之文集》卷十九(下称"伍刻本")。①

(2)清代东武李氏研录山房写本《张说之文集》30卷,补遗1卷,《唐玉泉寺大通禅师碑铭并序》收于卷十九(下称"李写本")。②

(3)《钦定四库全书·集部》收有《张燕公集》25卷,《唐玉泉寺大通禅师碑》收于《张燕公集》卷十八(下称"四库本")。③

(4)王云五主编《丛书集成初编》收有《武英殿聚珍版丛书》本《张燕公集》25卷,《唐玉泉寺大通禅师碑》收于该书卷十四(下称"聚珍本")。④

(5)清代光绪三十一年(1905)仁和朱氏刻《结一庐剩余丛书》本《张说之文集》25卷,补遗5卷,王国维校,《唐国师玉泉寺大通禅师碑》收于《张说之文集》卷十九(下称"朱刻本")。⑤

(6)清代彭元瑞跋明代抄本《张说之文集》30卷,存1—20卷,《唐国师玉泉寺大通禅师碑》收于《张说之文集》卷十九(下称"彭跋本")。⑥

(7)清代董诰等编撰的《全唐文》卷二百三十一收有《唐玉泉寺大通禅师碑铭并序》(下称"《全唐文》本")。⑦

(8)宋代李昉编《文苑英华》卷八百五十六中收有《荆州玉泉寺大通禅师碑》(下称"《文苑英华》本")。⑧

(9)学者任继愈先生主编的《中华传世文选:唐文粹》卷六十四收

---

① 《张说之文集》卷十九,《四部丛刊》影印上海涵芬楼藏明代嘉靖十六年刻本。
② 《张说之文集》卷十九,清代东武李氏研录山房抄本。
③ 《张燕公集》卷十八,《钦定四库全书》本。
④ 《张燕公集》卷十四,王云五主编《丛书集成初编》,商务印书馆,1937年。
⑤ 《张说之文集》卷十九,清代光绪三十一年仁和朱氏刻《结一庐剩余丛书》本。
⑥ 《张说之文集》卷十九,清代彭元瑞跋明代抄本。
⑦ [清]董诰等编:《全唐文》第2册,上海古籍出版社,1990年,第1030—1031页。
⑧ [宋]李昉编:《文苑英华》卷八百五十六,中华书局,1966年,第4521—4522页。

录有《荆州玉泉寺大通禅师碑铭并序》(下称"任校本")。①

(10) 学者熊飞教授校注的4册《张说集校注》,在碑铭校注部分收录有《唐玉泉寺大通禅师碑铭并序》(下称"熊校本")。②

二、《大通禅师碑》文本录校

因缘殊胜,幸运的是,笔者从神秀禅师祖庭度门寺常慈法师处获得该碑文拓片一份,并从利川博物馆获得该拓片图版,这对校勘、研究《大通禅师碑》都大有裨益。度门寺所收拓本是晚出剪贴本,与常盘大定《中国文化史迹》第10辑所载《玉泉山大通禅师碑拓本》一致,都有"大通禅师之碑"碑额③。度门寺所藏拓本前有沙市魏墨卿所题"大通禅师碑",后附有日人撰写的跋文。本书校录,以度门寺所藏《大通禅师碑》拓片为底本(下称"底本"或"度门寺本"),以利川博物馆所藏拓片(下称"利川本")、常盘大定所收图版(下称"常盘本")为参照,以《张说之文集》《唐文粹》《全唐文》等所载《大通禅师碑》为辅本而进行合校。

当然,由于度门寺所藏《大通禅师碑》拓本是晚出拓本,所以拓片内容并不完整,残缺处只能以诸辅本补之。若底本缺字据利川本、常盘本及其他诸辅本补者,均以圆括号形式标出。本文在校对中所涉句读问题,对任校本、熊校本多有参考。另外,由张岂之主编、刘学智副主编的《中国学术思想史编年》之《隋唐五代卷》对该碑文也有论及,校录时一

---

① 任继愈主编:《中华传世文选·唐文粹》,吉林人民出版社,1998年,第671页。
② 熊飞校注:《张说集校注》第3册,中华书局,2013年,第959—970页。
③ 〔日〕常盘大定、关野贞:《中国文化史迹》第10辑(图版),东京法藏馆,1940年,第22页。

并参考(下称"张校本")。①

大通禅师之碑②
(唐③)国师④玉泉寺大通禅师碑(铭⑤)(并序⑥)⑦

中(书令)⑧(燕国公⑨)范阳张说文、黄门侍郎范阳卢藏用书⑩

撰夫总四大者,成乎身矣;立万法⑪者,主乎心矣。身是虚哉,即身见空,始同妙用;心非实也,观心若幻,乃等真如。名数入焉,妙本乖;言说出焉,真宗隐。故如来有意传要道,力持至德,万劫而遥⑫付法印,一念而顿受⑬佛

---

① 张岂之主编,刘学智副主编:《中国学术思想编年·隋唐五代卷》,陕西师范大学出版社,2006年,第316页。

② "大通禅师之碑",此6字为该碑碑额,仅底本、常盘本保留有此6字,其他诸本未见。

③ "唐",底本缺此字,利川本、常盘本、伍刻本、李写本、四库本、聚珍本、朱刻本、彭跋本、《全唐文》本、熊校本有此字,《文苑英华》本、任校本无此字。今据利川本补此字。

④ "国师",底本、利川本、常盘本、朱刻本、彭跋本有此两字,且彭跋本此两字系旁加,并在标题下有"从原碑对过"字样。其他诸本无此两字。今从底本。

⑤ "铭",底本、利川本、常盘本、伍刻本、四库本、聚珍本、朱刻本、彭跋本、《文苑英华》本无此字,李写本、《全唐文》本、任校本、熊校本有此字。今据李写本补。

⑥ "并序",底本、利川本、常盘本、伍刻本、四库本、聚珍本、朱刻本、彭跋本、《文苑英华》本无此两字,李写本、《全唐文》本、任校本、熊校本有此两字。今据李写本补。

⑦ 关于此标题,诸本差异较大,主要有五类:(1)底本、利川本、常盘本、朱刻本、彭跋本作:"唐国师玉泉寺大通禅师碑(其中底本作'□□国师玉泉寺大通禅师碑','国师'前缺'唐'字)";(2)伍刻本、四库本、聚珍本作"唐国师玉泉寺大通禅师碑";(3)李写本、《全唐文》本、熊校本作"唐玉泉寺大通禅师碑铭并序";(4)《文苑英华》本作"荆州玉泉寺大通禅师碑";(5)任校本作"荆州玉泉寺大通禅师碑铭并序"。

⑧ "中书令",底本、利川本、常盘本仅保留"中"字,"书令"两字据张说履历文意所补(参见熊飞校注:《张说集校注》第1册,中华书局,2013年,第1页)。

⑨ "燕国公",底本此3字模糊,今据利川本、常盘本补。

⑩ "中书令燕国公范阳张说文、黄门侍郎范阳卢藏用书",底本、利川本、常盘本有此句内容,《文苑英华》本此句作"前人",任校本此句作"张说";其他诸本无此句内容。

⑪ "法",底本、利川本、常盘本作"灋"(即"法"之异体);聚珍本、朱刻本、彭跋本、《文苑英华》本作"法";其他诸本作"始",且《文苑英华》本、熊校本出校记。此外,彭跋本原作"始",后改为"法"。

⑫ "遥",伍刻本作"遣",底本、利川本、常盘本、李写本、四库本、聚珍本、朱刻本、彭跋本、《全唐文》本、《文苑英华》本、任校本、熊校本作"遥"。今从底本。

⑬ "受",底本、利川本、常盘本、伍刻本、李写本、朱刻本、彭跋本、《全唐文》本、《文苑英华》本作"受",四库本、聚珍本、任校本、熊校本作"授"。"受"者,原表示交付与接受(遭受);"授"者,是"受"字"交付"义。

身。谁其弘①之？实大通②禅师其人也。

禅师尊称"大通"，讳神秀，本姓李，（陈留③）尉氏人也④。心洞九漏，悬解⑤先觉，身长八尺，秀眉大耳，应王伯之象，合圣贤⑥之度。少为诸生，游问江表，《老》《庄》玄⑦旨，《书》《易》大义。三乘经论，四分律仪，说通训诂，音参吴晋。烂乎如袭孔翠，玲然如振金玉。既而独鉴潜发，多闻傍施⑧。逮知天命之年，自拔人间之世。企闻蕲州有忍禅师，禅门之法胤⑨也。

自菩提达摩⑩天竺东来，以法传惠可⑪，（惠）可传僧⑫璨，（僧）璨传道信，（道）信传弘⑬忍⑭。继明⑮重迹，相承五光。乃不远遐阻，翻飞谒

---

① "弘"，底本、利川本、常盘本、伍刻本、四库本、朱刻本、彭跋本、《文苑英华》本、任校本、熊校本作"弘"，李写本、聚珍本、《全唐文》本、熊校本作"宏"。"弘"者，有大、扩充、发扬、姓氏等义；"宏"者，有广大、博大、姓氏义。据此而论，此句虽"弘""宏"皆可，而"弘"者更佳。

② "实大通"，《文苑英华》本作"大通实"，底本、利川本、常盘本及其他诸本均作"实大通"，熊校本出校记。据文意，今从底本。

③ "陈留"，底本、利川本、常盘本此处均模糊，此两字据伍刻本、聚珍本等诸本补。

④ "也"，彭跋本无此字，底本及其他诸写本有此字。今从底本。

⑤ "解"，李写本此字系小字旁加。

⑥ "圣贤"，《文苑英华》本作"贤圣"，未出校记。底本、利川本及其他诸本作"圣贤"，熊校本出校记。今从底本。

⑦ "玄"，底本、利川本、常盘本、伍刻本、四库本、朱刻本、彭跋本、《文苑英华》本、任校本、熊校本作"玄"，李写本、聚珍本、《全唐文》本作"元"。今从底本。

⑧ "多闻傍施"，《文苑英华》本作"多伤傍弛"，且出校记："《文粹》作'多问（应是"闻"之误）旁施'。"底本、利川本、常盘本作"多闻傍弛"，任校本、熊校本作"多闻旁施"，伍刻本及其他诸本作"多闻旁弛"，且熊校本出校记。今从底本。

⑨ "胤"，底本、利川本、常盘本、伍刻本、李写本、四库本、朱刻本、彭跋本、任校本、熊校本作"胤"；聚珍本作"嗣"，可参；李写本作"偣"，可参；《全唐文》本作"允"，亦可参；《文苑英华》本作"彻"，不明其义。今从底本。

⑩ "达摩"，底本、利川本、常盘本、聚珍本、朱刻本、彭跋本、任校本、熊校本作"达摩"，伍刻本、李写本、四库本、《全唐文》本、《文苑英华》本作"达磨"。据习惯用法，今从底本。

⑪ "惠可"，《文苑英华》本作"慧可"，底本、利川本、常盘本、伍刻本及其他诸本均作"惠可"。

⑫ "僧璨"，四库本误作"孙璨"，底本、利川本及其他诸本均作"僧璨"。

⑬ "弘"，底本、利川本、常盘本、伍刻本、四库本、朱刻本、彭跋本、《文苑英华》本、任校本、熊校本作"弘"；李写本、聚珍本、《全唐文》本作"宏"。据习惯用法，今从底本。

⑭ "以法传惠可，（惠）可传僧璨，（僧）璨传道信，（道）信传弘忍"，此句底本、利川本、常盘本、朱刻本、彭跋本作"以法传惠可，可传僧璨，璨传道信，信传弘忍"；伍刻本、李写本、四库本、《全唐文》本、《文苑英华》本、任校本、熊校本作"以法传惠可，惠可传僧璨，僧璨传道信，道信传弘忍"，可参，但均未出校记。

⑮ "明"，《文苑英华》本作"名"，底本、利川本、常盘本、聚珍本、朱刻本及其他诸本均作"明"。今从底本。

诣,虚受与沃心悬会,高悟与真乘①同彻②。画捐③妄识④,湛见本心,住⑤寂灭境,行无是处。有师而成,即燃⑥灯佛所;无依而说⑦,是空王法门。服勤六年,不舍昼夜,大师叹曰:"东山之法,尽在秀矣。"命之洗足,引之并坐。于是涕辞而去,退藏于密。⑧仪凤⑨中,始隶⑩玉泉,名在僧录。

寺东七里,地坦山雄,目之曰:"此正楞伽孤峰,度门兰若,荫松藉草,吾将老焉。"云从龙,风从虎,大道出,贤人睹。岐阳之地,就去⑪成都,华阴之山,学来如⑫市,未云⑬多也。后进得以拂三有,超四禅,升堂

---

① "真乘",伍刻本作"真",恐漏"乘"字;底本、利川本、常盘本、聚珍本、朱刻本、李写本及其他诸本均作"真乘"。今从底本。

② "彻",底本、利川本、常盘本、伍刻本、李写本、聚珍本、《全唐文》本、《文苑英华》本作"彻";四库本、任校本作"辙",可参;朱刻本、彭跋本、熊校本作"澈"。熊校本出校记。今从底本。

③ "画捐",底本、利川本、常盘本、彭跋本作"画捐",伍刻本、四库本、任校本作"繻指";李写本、聚珍本、朱刻本、《全唐文》本、《文苑英华》本、熊校本作"尽捐",可参。

④ "妄识",底本、利川本、常盘本、李写本、朱刻本、彭跋本、《全唐文》、《文苑英华》本、熊校本作"妄识",是;伍刻本、四库本、聚珍本、任校本作"忘识",误。

⑤ "住",底本、利川本、常盘本、伍刻本、四库本、聚珍本、朱刻本、彭跋本、《全唐文》本、《文苑英华》本、任校本、熊校本作"住",李写本作"注"。

⑥ "燃",底本、利川本、常盘本、朱刻本、彭跋本作"然",伍刻本、李写本、四库本、聚珍本、《全唐文》本、《文苑英华》本、任校本、熊校本作"燃"。据习惯用法,当为"燃"。今据伍刻本、李写本等诸本改。

⑦ "无依而说",《文苑英华》本作"无言可说",并出校记"二本作依而",可参;底本、利川本、常盘本、伍刻本、李写本及其他诸本作"无依而说"。熊校本出校记,今从底本。

⑧ 此句是整篇碑文中较为费解的一句。既然得到五祖弘忍如此器重,何以又"涕辞而去,退藏于密"?尽管松田文雄(松田认为此间弘忍指定了慧能而不是神秀作为六祖)、马克瑞(马克瑞博士认为神秀的"隐没"与当时唐朝的佛道论诤以及执政者颁布的相关政策有关)等学者早已关注此问题,并尝试予以诠释,但由于缺少相应史料佐证,所以也仅是一家之言。关于此问题的详细讨论,参见拙著《禅宗北宗研究》,宗教文化出版社,2013年,第206—208页。

⑨ "仪凤",唐高宗李治在位期间第9个年号,凡4年,即676—679年。

⑩ "隶",《文苑英华》本作"立",底本、利川本、常盘本、伍刻本及其他诸本作"隶"。今从底本。

⑪ "去",底本、利川本、常盘本、伍刻本、四库本、聚珍本、朱刻本、彭跋本、《文苑英华》本、任校本作"去";《全唐文》本作"者"。李写本出校记"唐文作'者'"。

⑫ "来如",《文苑英华》本作"如来",底本及其他诸本作"来如"。熊校本出校记。今从底本。

⑬ "云",伍刻本作"去",误;底本、利川本、常盘本、伍刻本、李写本及其他诸本均作"云",是。

七十，味道三千，不是过也。尔其开法大略，则专①念以息（想，极）②力以摄心。其入也，品均凡圣；其到③也，行无前后。趣定之前，万缘尽闭；发惠④之后，一切皆如。特⑤奉《楞伽》，递⑥为心要。过此以往，未之或知。

久视年（中⑦），禅师春秋高矣。诏请而来，趺⑧坐觐君，肩舆上殿，屈万乘而稽首，洒⑨九重而宴居，传圣道者不北面，有盛德者无臣礼。遂推为两京法主，（三帝⑩）国师，仰佛日之再中，庆优昙之一现。然⑪处都邑，婉其秘旨，每帝王分座，后妃临席，鹓鹭⑫四匝，（龙象三⑬）绕。时炽

---

① "专"，底本、利川本、常盘本、聚珍本、朱刻本、《文苑英华》本、熊校本作"专"；伍刻本、四库本、任校本作"惠"，可参；李写本、《全唐文》本作"慧"，可参。彭跋本原作"惠"，后有修改，似"专"。《文苑英华》本、熊校本出校记。今从底本。

② "想""极"两字，底本、利川本、常盘本均模糊，今据伍刻本、李写本、朱刻本等诸本补。

③ "到"，《文苑英华》本作"利"，并出校记"二本作'到'"，可参。底本、利川本、朱刻本、李写本等诸本均作"到"。

④ "惠"，底本、利川本、常盘本、《文苑英华》本作"惠"，伍刻本、李写本、四库本、聚珍本、朱刻本、彭跋本、《全唐文》本、任校本、熊校本作"慧"。今从底本。

⑤ "特"，底本、利川本、常盘本、伍刻本、李写本、四库本、聚珍本、朱刻本、彭跋本、任校本、熊校本作"特"；《全唐文》本、《文苑英华》本作"持"，可参。熊校本、李写本出校记。

⑥ "递"，底本、利川本、常盘本、伍刻本、李写本、四库本、聚珍本、朱刻本、彭跋本、《文苑英华》本、任校本、熊校本作"递"；《全唐文》本作"近"。李写本、熊校本出校记。

⑦ "中"，底本、利川本、常盘本、伍刻本、朱刻本、彭跋本无此字；李写本、四库本、聚珍本、《全唐文》本、《文苑英华》本、任校本、熊校本有此字，且均未出校记。"久视"（700—701）是武则天（624—705）在位（690—705）期间使用的第11个年号，虽前后跨两年，但历时不足一载。"久视年中"相对于"久视年"更具体。今据聚珍本、《文苑英华》本及其他诸本补此字。

⑧ "趺"，底本、利川本、常盘本、李写本、四库本、聚珍本、朱刻本、彭跋本、《全唐文》本、《文苑英华》本、任校本、熊校本作"趺"；伍刻本作"跃"，可参。诸本未出校记。今从底本。

⑨ "洒"，《文苑英华》本作"洒重"，衍一"重"字；熊校本出校记；底本、利川本、常盘本、伍刻本及其他诸本作"洒"，是。

⑩ "三帝"，底本、利川本、常盘本此处模糊，伍刻本、朱刻本、《文苑英华》本、李写本、《全唐文》本及其他诸本均有此两字，今从伍刻本、《全唐文》本等诸本补。

⑪ "然"，底本、常盘本此处模糊，利川本、伍刻本、朱刻本、彭跋本、《文苑英华》本、任校本、熊校本作"然"；李写本、四库本、聚珍本、《全唐文》本作"混"，可参。今从底本。

⑫ "鹓鹭"，底本、利川本、常盘本、伍刻本、李写本、四库本、聚珍本、朱刻本、彭跋本、《全唐文》本、任校本、熊校本作"鹓鹭"；《文苑英华》本作"鹓莺"。熊校本出校记。

⑬ "龙""象""三"，此3字，底本、利川本、常盘本模糊，今据伍刻本、朱刻本、四库本及其他诸本补。

炭(待矿,故对默)①而心降;时诊饥投味,故告约而义领:一雨薄沾于众缘,万籁各吹②于本分。非夫安住无畏,应变无方者,孰(能焉③尔乎)?

(圣敬日崇,朝)④恩⑤代积。当⑥阳初⑦会,会⑧之所,置寺曰"度门";尉氏先人之宅,置寺曰"报恩"。轼闻名乡,比⑨德非儗⑩,局⑪厌⑫喧華,长怀虚壑。累乞还山,既听(中驻,久矣衰)⑬惫,无他患苦⑭。报⑮

---

① "待矿""故对默",底本、利川本、常盘本此处模糊,今据伍刻本、李写本、四库本、聚珍本等诸本补。

② "吹",底本、利川本、常盘本、伍刻本、李写本、四库本、聚珍本、朱刻本、彭跋本、任校本、熊校本作"吹",《文苑英华》本作"分"。《文苑英华》本、熊校本出校记。

③ "焉",底本、利川本、常盘本此处模糊,伍刻本、李写本、朱刻本、彭跋本、《文苑英华》本、《全唐文》本、熊校本作"焉",四库本、聚珍本、任校本作"至",可参。

④ "圣敬日崇""朝",此5字,底本、利川本、常盘本模糊,今据伍刻本、李写本、四库本、聚珍本、任校本等诸本补。

⑤ "恩",底本、利川本、常盘本此处模糊,似"恩";李写本、四库本、聚珍本、朱刻本、李写本、《文苑英华》本、《全唐文》本、任校本、熊校本作"恩";伍刻本作"思"。

⑥ "当",伍刻本自此下缺至"报恩"之"恩"处,即漏了"阳初会,会之所,置寺曰'度门';尉氏先人之宅,置寺曰'报(恩)'"等22字。

⑦ "初",底本、利川本、常盘本、李写本、四库本、聚珍本、朱刻本、彭跋本、《文苑英华》本、任校本、熊校本作"初",《全唐文》本作"和"。李写本、熊校本出校记。

⑧ "会",底本、利川本、常盘本、彭跋本有此字,且彭跋本此字旁加。李写本、四库本、聚珍本、朱刻本、《全唐文》本、《文苑英华》本、任校本、熊校本均无此字,且未出校记。今从底本。

⑨ "比",底本、利川本、常盘本、朱刻本作"比";伍刻本、李写本、四库本、聚珍本、《全唐文》本、《文苑英华》本、任校本、熊校本作"表";彭跋本原作"表",后改为"比"。今从底本。

⑩ "儗",底本、利川本、常盘本、朱刻本、彭跋本、《文苑英华》本、熊校本作"儗"("儗",古通"拟",意为比拟),伍刻本、李写本、四库本、聚珍本、《全唐文》本、任校本作"擬(拟)",可参。

⑪ "局",伍刻本、李写本作"一局";彭跋本原作"一局",后改为"局";底本、四库本、朱刻本及其他诸本均作"局"。诸本未出校记,今从底本。

⑫ "厌",底本、利川本、常盘本、朱刻本、彭跋本、《文苑英华》本作"猒"(古同"厌");李写本作"肰"(古同"然");《全唐文》本、熊校本作"厭";任校本作"厌"。从书写来看,李写本属于抄写之误,底本与其他诸本只是字的异体差异。

⑬ "中驻""久矣衰",底本、利川本、常盘本此处模糊,今据伍刻本补。

⑭ "既听中驻,久矣衰惫,无他患苦",关于本句的断句,《全唐文新编》本、任校本作"既听中驻久矣,衰惫无他患苦",石峻本、熊校本作"既听中驻,久矣衰惫,无他患苦"。据文意,今从石峻本。上述分别参考自周绍良主编:《全唐文新编》第1部第4册,吉林文史出版社,2000年,第2607页;任继愈主编:《中华传世文选·唐文粹》,吉林人民出版社,1998年,第672页;石峻:《中国佛教思想资料选编》第2卷第4册,中华书局,1983年,第351页;熊飞校注:《张说集校注》第3册,中华书局,2013年,第960页。

⑮ "报",底本、利川本、李写本、彭跋本有此字,常盘本此处模糊。四库本、聚珍本、朱刻本、《全唐文》本、《文苑英华》本、任校本、熊校本无此字。

（魄①）散神全，形遗力谢。神龙二年②二月二十八日夜中，顾命扶坐③，泊如化灭。禅师武德八年④乙酉受具于天宫，（至是年丙午复终）于此（寺，盖僧腊八十矣。）⑤生于隋⑥末，百有余年⑦，未尝自言，故人莫审其数也。

三界火心，四部冰背，榱崩梁坏，雷恸⑧雨泣。凡诸宝（身，生是金）口，故其（丧也，如执亲焉。）⑨诏使吊哀⑩，侯王归赗⑪。三月二日，册谥"大通"，展饰⑫终之义，礼也；时厥五日，假安阙塞，缓及⑬葬之（期，怀也）⑭。

---

① "魄"，底本、利川本、常盘本此处模糊，伍刻本、李写本、朱刻本及其他诸本均作"魄"，今据之补。《文苑英华》本、熊校本出校记"集（本）作魂"，可参。

② "神龙二年"，即公元706年。"神龙"，唐中宗复位后所用年号，即705—707年。

③ "顾命扶坐"，底本、利川本、常盘本、伍刻本、朱刻本、彭跋本作"顾命扶坐"，李写本、四库本、聚珍本、《全唐文》本、任校本、熊校本作"顾命趺坐"，可参。《文苑英华》本作"顾令扶坐"，且出校记"文萃作命趺坐"。

④ "武德八年"，即公元625年。"武德"，唐朝开国皇帝高祖李渊的第1个年号，也是唐朝第1个年号，前后历时9年，即618—626年。

⑤ "至是年丙午复终""寺""盖僧腊八十矣"，底本拓片此处因模糊而删减，今据利川本、伍刻本等诸本补。

⑥ "隋"，底本、利川本、常盘本、朱刻本、彭跋本作"随（隨）"；伍刻本、李写本、任校本及其他诸本作"隋"。今据伍刻本及文意改。

⑦ "年"，底本、利川本、常盘本、朱刻本、《文苑英华》本作"年"；伍刻本、李写本、四库本、聚珍本、任校本、熊校本作"岁"。彭跋本原作"岁"，后改为"年"。《文苑英华》本、熊校本出校记。

⑧ "恸"，底本、利川本、常盘本、朱刻本、彭跋本作"恸"，是；伍刻本、四库本、李写本及其他诸本均作"动"，误。"恸"，意为极度悲哀。诸校本未出校记，今从底本。

⑨ "身""生是金"及"丧也""如执亲焉"，此10字底本、利川本、常盘本模糊，今据朱刻、李写本、《全唐文》本等诸本补。

⑩ "哀"，底本、利川本、常盘本此处模糊，似"哀"；伍刻本、李写本、四库本、聚珍本、朱刻本、彭跋本、《全唐文》本、任校本、熊校本作"哀"；《文苑英华》本作"衰"。《文苑英华》本、熊校本出校记"二本作衰"。今据诸本暂录为"哀"。

⑪ "赗"，伍刻本作"赗"；底本、利川本、常盘本、李写本、四库本、聚珍本、朱刻本、彭跋本、《全唐文》本、任校本、熊校本作"赗"；《文苑英华》本作"赠"，并出校记"二本作'赗'"。熊校本出校记。

⑫ "饰"，底本、利川本、常盘本、李写本、四库本、聚珍本、朱刻本、彭跋本、《全唐文》本、任校本、熊校本作"饰"，伍刻本作"节"，《文苑英华》本作"飾"（古同"饰"）。彭跋本原作"节"，后改为"饰"，有明显修改痕迹，诸本未出校记。

⑬ "及"，底本、利川本、常盘本、伍刻本、李写本、四库本、聚珍本、彭跋本、《全唐文》本、任校本作"及"，朱刻本、《文苑英华》本、熊校本作"反"。《文苑英华》本出校记"二本作及"；熊校本出校记；彭跋本原作"反"，后改为"及"，有明显修改痕迹。另外，从底本、利川本下文"葬之期"中也可以佐证此字为"及"而非"反"。

⑭ "期""怀也"，底本、利川本、常盘本此处模糊，今据伍刻本、李写本、朱刻本等诸本补。

宸驾临（诀①至午桥，王公悲送至）②伊水，羽仪陈设至山（龛③）。仲秋既望，还诏乃下，帝诺先许，冥遂宿（心。太）④常卿鼓（吹⑤导）引，城门郎护（监⑥丧葬⑦。是日，天子出龙门，泛金）衬⑧，登高停跸，目⑨尽回舆。自伊及江，扶⑩道哀候，幡花百辇，香云千里。维十月哉生⑪（魄明⑫），即旧居后（岗⑬），安（神起⑭塔⑮，国钱严

———

① "诀"，底本、利川本、常盘本此处模糊，伍刻本、李写本、《文苑英华》本作"决"，四库本、聚珍本、朱刻本、彭跋本、《全唐文》本、任校本作"诀"。《文苑英华》本出校记"文粹本作'诀'"，熊校本出校记。彭跋本原作"决"，后改为"诀"，有明显修改痕迹。

② "诀至午桥""王公悲送至"，底本、利川本、常盘本此处模糊，今据伍刻本、李写本等诸本补。

③ "龛"，底本、利川本、常盘本此处模糊，今据伍刻本、李写本、朱刻本等诸本补。

④ "心""太"，底本、利川本、常盘本此处模糊，今据伍刻本、李写本、朱刻本等诸本补。

⑤ "鼓吹"，底本、利川本、常盘本此处"吹"字模糊，但"鼓"在前无疑；伍刻本、李写本、四库本、聚珍本、朱刻本、彭跋本、《全唐文》本、任校本、熊校本作"鼓吹"；《文苑英华》本作"吹鼓"，且未出校记；熊校本出校记。

⑥ "护监"，底本此处模糊；《文苑英华》本作"监护"，且出校记"二本作护监"；利川本、伍刻本、李写本、朱刻本、彭跋本、任校本、熊校本等均作"护监"。熊校本出校记。

⑦ "丧葬"，底本、利川本、常盘本此处模糊，似"丧葬"；聚珍本作"送葬"；伍刻本、李写本、朱刻本、任校本、熊校本等诸本均作"丧葬"。诸本未出校记。

⑧ "衬"，底本、利川本、常盘本似"襯"，即"衬"之繁体；伍刻本、李写本、聚珍本、朱刻本、《全唐文》本、《文苑英华》本作"襯（衬）"；四库本、彭跋本、任校本、熊校本作"梘"。诸本均未出校记。

⑨ "目"，《文苑英华》本作"自"，且未出校记；底本、利川本、常盘本、伍刻本、朱刻本及其他诸本均作"目"。熊校本出校记。

⑩ "扶"，《文苑英华》作"挟"，并出校记"二本作扶"。底本、利川本、伍刻本、李写本等诸本均作"扶"。熊校本出校记。

⑪ "生"，常盘本自此下缺（以下所校，不再论及此本）。

⑫ "魄明"，底本、利川本此处模糊，伍刻本、李写本、四库本、聚珍本、《文苑英华》本、任校本作"魄明"；朱刻本、彭跋本、《全唐文》本、熊校本作"魄"。熊校本出校记。彭跋本原作"魄明"，后删除"明"，有明显删除痕迹。若是依据彭跋本标题下"从原碑对过"来看，底本、利川本，至少彭跋本所依碑文无"明"字。

⑬ "岗"，底本此处缺，利川本作"岗"，伍刻本、李写本、彭跋本及其他诸本均作"冈"，可参。"岗"，高起的土坡，如山岗；"冈"，山脊，冈峦。

⑭ "起"，底本、利川本此处模糊，伍刻本、李写本、朱刻本、彭跋本、《全唐文》本、《文苑英华》本、任校本作"起"，四库本、聚珍本、熊校本作"启"。诸本未出校记，今从伍刻本、李写本等录。

⑮ "维十月哉生魄明，即旧居后岗，安神起塔"句，任校本作"维十月哉生魄明。即旧居后冈，安神起塔"，且从"即"句另起一段；石峻本作"维十月哉生魄明，即旧居后冈，安神起塔"。据文意，今依石峻本句读。分别参见任继愈主编：《中华传世文选·唐文粹》，吉林人民出版社，1998年，第672页；石峻：《中国佛教思想资料选编》第2卷第4册，中华书局，1983年，第352页。

饰①,赐逾百万。巨钟是先)②帝所铸,群经是后皇③所锡④,金榜御题,(华幡内造,塔)⑤寺⑥尊(重⑦),远称标绝。

初,禅师(形解东洛,相见)⑧(南荆⑨),(白雾积晦于)⑩禅山,素莲寄生于坐树。(则⑪)双林变色,泗水逆流,至人违代,同符异感。百日卒哭也,在龙花⑫寺设大会,(八千人度二七人⑬;二祥练缟也,咸就西明道场,数⑭如前会。时⑮,万回)⑯菩萨乞施⑰,后宫宝衣盈箱,珍价敌国,亲(举⑱宠费⑲,

---

① "国钱严饰",底本、利川本此处模糊;朱刻本作"国□钱饰";彭跋本作"国钱□饰";伍刻本、李写本、《全唐文》本、《文苑英华》本、任校本、熊校本等均作"国钱严饰";彭跋本原作"国钱严饰",后删除"严",有明显修改痕迹。熊校本出校记,指出朱刻本作"国□钱饰"。

② "神""起塔""国钱严饰""赐逾百万""巨钟是先",此处底本、利川本模糊,今据伍刻本、李写本、彭跋本等诸本补。

③ "后皇",底本、利川本、伍刻本、李写本、《全唐文》本、朱刻本、彭跋本、《文苑英华》本、任校本作"后皇",四库本、聚珍本、熊校本作"后王"。诸本未出校记,今从底本。

④ "所锡",底本、利川本、伍刻本、四库本、聚珍本、朱刻本、彭跋本、《文苑英华》本、《全唐文》本、任校本、熊校本作"所锡",李写本作"所赐"。诸本未出校记,今从底本。

⑤ "华幡内造""塔",此处底本、利川本模糊,今据伍刻本、李写本等诸本补。

⑥ "寺",四库本作"事",误;底本、利川本、伍刻本及其他诸本均作"寺",是。

⑦ "重",此处底本、利川本模糊,今据伍刻本、李写本等诸本补。

⑧ "形解东洛""相见",底本、利川本此处模糊,今据伍刻本、李写本、朱刻本、聚珍本等诸本补。

⑨ "南荆",底本此处模糊,四库本作"南金";利川本、伍刻本、李写本等诸本作"南荆"。诸本未出校记,今据利川本、李写本等诸本补。

⑩ "白雾积晦于",底本、利川本此处模糊,今据伍刻本、李写本、朱刻本、聚珍本等诸本补。

⑪ "则",底本此处模糊,利川本、伍刻本、李写本等有此字。今据利川本补。

⑫ "花",《文苑英华》本、《全唐文》本、任校本作"华",可参;底本、利川本、伍刻本、朱刻本及其他诸本作"花"。在古代佛典中,"华"常被写作"花",如《妙法莲花(华)经》。

⑬ "二七人",聚珍本、熊校本作"二十七人",可参;底本、利川本此处模糊,伍刻本、四库本及其他诸本作"二七人"。《文苑英华》本出校记"文粹有'十'字";熊校本出校记。

⑭ "数",四库本、聚珍本、《全唐文》本、《文苑英华》本、任校本、熊校本有此字;伍刻本、李写本、朱刻本、彭跋本无此字。今从四库本、聚珍本等诸本补。

⑮ "时",底本此处模糊,利川本、朱刻本、彭跋本有此字,且彭跋本中此字系旁加;伍刻本、李写本、《全唐文》本、《文苑英华》本及其他诸本无此字。今从利川本补。

⑯ 从"八千人"至"万回",底本、利川本此处模糊,今据伍刻本、彭跋本等诸本补。

⑰ "乞施",伍刻本作"乞于",误;底本、利川本作"乞施",是。

⑱ "亲举",聚珍本、《文苑英华》本作"與(与)";底本、利川本、伍刻本、李写本作"亲举"。《文苑英华》本出校记"二本'举宠'作'亲费'",误;熊校本出校记。

⑲ "费",底本、利川本此处模糊,聚珍本作"贵",伍刻本、李写本及其他诸本作"费"。今从伍刻本。

侑供）①巡香。② 其广（福博③）因，存没（如此，日月逾迈，荣落④相推）⑤。

（于戏⑥！法子永恋宗极⑦，痛慈舟之）⑧遽失⑨，恨踊⑩塔之迟开；石城之叹也不孤，庐（山之碑焉可）⑪作⑫。窃（比夫⑬子贡）⑭之论夫（子也，生于天地，不知天地之高厚；饮于江海，不知江海⑮之广深。）⑯强名无⑰迹，以慰其心。铭曰：

---

① "举宠费""侑供"，底本、利川本此处模糊，今据伍刻本、朱刻本等诸本补。
② 关于此句断句，任校本与熊校本有较大差异：任校本作"（时）万回菩萨乞施后宫，宝衣盈箱，珍价敌国，亲举宠费，侑供巡香"；熊校本作"（时）万回菩萨乞施，后宫宝衣盈箱，珍价敌国，亲举宠费，侑供巡香"。根据文意，今从熊校本断句。
③ "福博"，底本、利川本此处模糊，今据伍刻本、朱刻本等诸本补。
④ "荣落"，底本、利川本此处模糊，《文苑英华》本作"荣乐"，且出校记"二本作落"；伍刻本、朱刻本及其他诸本作"荣落"。熊校本出校记。
⑤ 从"如此"至"相推"，底本、利川本此处模糊，今据伍刻本、朱刻本等诸本补。
⑥ "于戏"，底本、利川本此处模糊；《文苑英华》本作"呜戏"，并出校记"二本作'于'"；伍刻本、李写本、朱刻本及其他诸本均作"于戏"。熊校本出校记。
⑦ "于戏！法子永恋宗极"，任校本此句断为"于戏！法子永恋宗极"；石峻本作"于戏法子，永恋宗极"（参见石峻：《中国佛教思想资料选编》第2卷第4册，中华书局，1983年，第351页）；熊校本作"于戏法子，永恋宗极"。"于戏"作为一个感叹词，当单独成句。因此，本文从任校本断句。
⑧ 从"于戏"至"舟之"，底本、利川本此处模糊，今据伍刻本、朱刻本等诸本补。
⑨ "失"，伍刻本作"夫"，误；底本、利川本、伍刻本、李写本及其他诸本均作"失"，是。
⑩ "踊"，底本、利川本作"踊"；伍刻本、李写本及其他诸本均作"涌"，可参。《文苑英华》本出校记"二本作'洞'"。熊校本出校记。
⑪ "山之碑焉可"，底本、利川本此处模糊，今据伍刻本、李写本等诸本补。
⑫ "作"，底本、利川本此处模糊，似"作"，四库本、聚珍本、朱刻本、彭跋本、《全唐文》本、《文苑英华》本、任校本作"作"；伍刻本、李写本、熊校本作"祚"。李写本出校记"唐文'祚'作'作'"，熊校本出校记。
⑬ "夫"，底本、利川本此处模糊，伍刻本、李写本、四库本、聚珍本、朱刻本、彭跋本、熊校本无此字；《全唐文》本、《文苑英华》本、任校本有此字。李写本出校记"唐文下有'夫'"，熊校本出校记。
⑭ "窃比夫子贡"，底本、利川本此处模糊，伍刻本、李写本、《全唐文》本、《文苑英华》本、任校本作"窃比夫子贡"；四库本、聚珍本、朱刻本、彭跋本、熊校本作"窃比子贡"，可参。李写本出校记"唐文下有夫字"，熊校本出校记。今从伍刻本录。
⑮ "不知江海"，底本、利川本此处模糊，《文苑英华》本无此4字，误；伍刻本、李写本及其他诸本均有此4字。今据伍刻本补。
⑯ 自"子"至"深"，底本、利川本此处模糊，今据伍刻本、李写本等诸本补。
⑰ "无"，伍刻本无此字，误；底本、利川本、李写本、四库本及其他诸本均有此字。今从底本。

（额珠内隐①，匪指莫效。心镜外尘，匪磨莫照。
海藏安静，风识牵乐。）②不入度门，孰探法要③？
倬哉④（禅伯，独立天下。）⑤功（收密诣⑥，解）⑦却名假⑧。
诣（无所得，解亦都舍。月影空如，现于悟⑨者。
无量善众⑩，为）父为师。露清热恼，光射昏疑。
冀将住⑪世，（万寿无期。奈何过隙，一朝）⑫去之。
（嗟我门人⑬，忧心断续。进忆瞻仰，退思付嘱。
尽不离定，空非灭）⑭觉。念兹在兹，敢告无学。⑮

以上是据度门寺所藏由沙市魏墨卿题名、清末晚出拓本《大通禅师之碑》而校，从中可以看出，碑刻在历史的长河中，不仅其碑石招致损毁，碑文也多有修改。校对的意义在于，通过比较诸本的异同，以呈现

① "隐"，底本、利川本此处模糊，四库本作"应"；伍刻本、李写本、彭跋本及其他诸本均作"隐"。熊校本出校记，可参。
② 从"额珠"至"牵乐"，底本、利川本此处模糊，今据伍刻本、李写本等诸本补。
③ "法要"，底本、利川本、四库本、聚珍本、朱刻本、彭跋本、《文苑英华》本、任校本作"法要"，《全唐文》本作"元要"，伍刻本作"玄要"。诸校本未出校记，今从底本。
④ "哉"，《文苑英华》本作"焉"，未出校记；底本、利川本、伍刻本、聚珍本等均作"哉"。熊校本出校记。
⑤ "禅伯""独立天下"，底本、利川本此处模糊，今据伍刻本、李写本、聚珍本等诸本补。
⑥ "诣"，底本、利川本此处模糊，《文苑英华》本作"旨"，并出校记"二本作'诣'"；伍刻本、李写本及其他诸本均作"诣"。熊校本出校记。今据伍刻本录。
⑦ "收密诣""解"，底本、利川本此处模糊，今据伍刻本、李写本、聚珍本等诸本补。
⑧ "假"，《文苑英华》本作"价"，并出校记"二本作'假'"；底本、利川本、伍刻本、李写本等均作"假"。熊校本出校记。
⑨ "于悟"，底本、利川本此处模糊；《文苑英华》本作"如误"，并出校记"二本作'于误'"；伍刻本、李写本、四库本等均作"于悟"。熊校本出校记。据文意，今从伍刻本录。
⑩ "善众"，底本、利川本此处模糊；《文苑英华》本作"众善"，并出校记"二本作'善尔'"；伍刻本、李写本、四库本及其他诸本均作"善众"。熊校本出校记。今据伍刻本录。
⑪ "住"，底本、利川本此处模糊，似"住"；伍刻本作"任"；李写本、彭跋本及其他诸本均作"住"。
⑫ 从"万寿"至"一朝"，底本、利川本此处模糊，今据伍刻本、彭跋本及其他诸本补。
⑬ "门人"，底本、利川本此处模糊；《文苑英华》本作"法门"，并出校记"二本作'门人'"；伍刻本、李写本及其他诸本均作"门人"。今据伍刻本录。
⑭ 从"嗟我"至"非灭"，底本、利川本此处模糊，今据伍刻本、彭跋本及其他诸本补。
⑮ 利川本后有一行小字，但模糊不清，只能隐约看到"▢▢洞前▢▢"字样。

文本在迁流中的嬗变，从而更好地了解碑文内容。

第二节 《大通禅师碑》拓本节选

关于《大通禅师碑》拓本，目前所见有多种。就笔者掌握的情况而言，手边有当阳度门寺藏本、利川博物馆藏本以及日本学者常盘大定拍摄的图片。由于常盘大定拍摄的图片相对较为模糊，所以这里主要分享当阳度门寺藏本及利川博物馆藏本。遗憾的是，无论是当阳度门寺藏本，还是利川博物馆藏本，都是残碑拓本，无法一览原碑之全貌。

一、当阳度门寺藏本

当阳度门寺所藏拓本，由度门寺常慈法师提供。该拓本前有"沙市魏墨卿"所题"大通禅师碑"题字，并附有日本学者的题跋，拓本碑额为"大通禅师之碑"。该拓本实为藏者通过剪贴、拼接而成，故并非完整拓本。

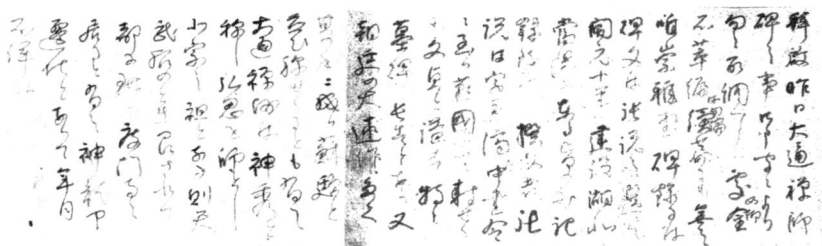

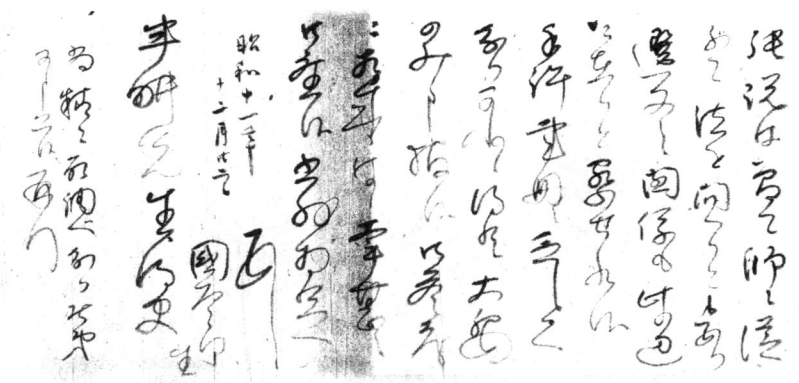

　　在度门寺所藏《大通禅师碑》拓本中,以上图片内容附于拓本之后,是对《大通禅师碑》所涉内容的梗概介绍,论及神秀禅师的行谊以及张说与神秀禅师的关系。现附拓本图片于后。

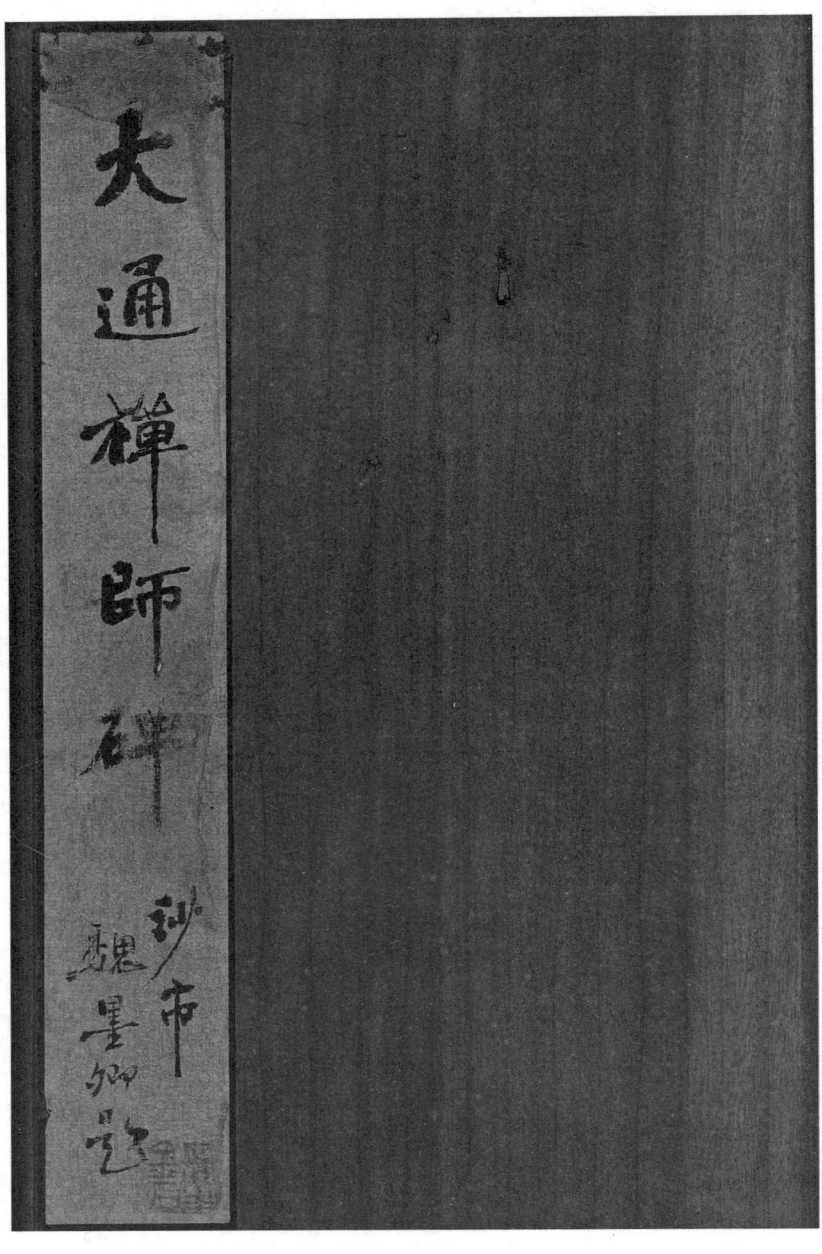

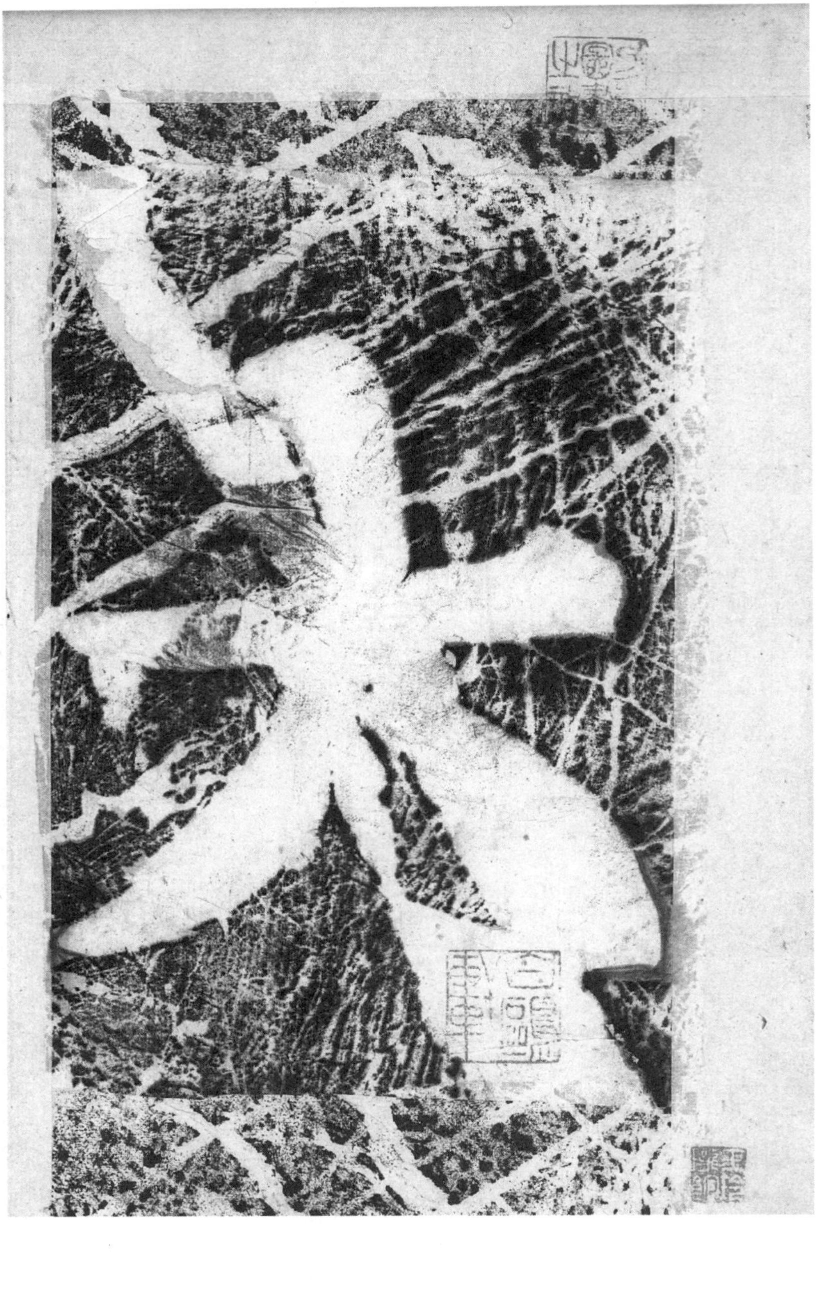

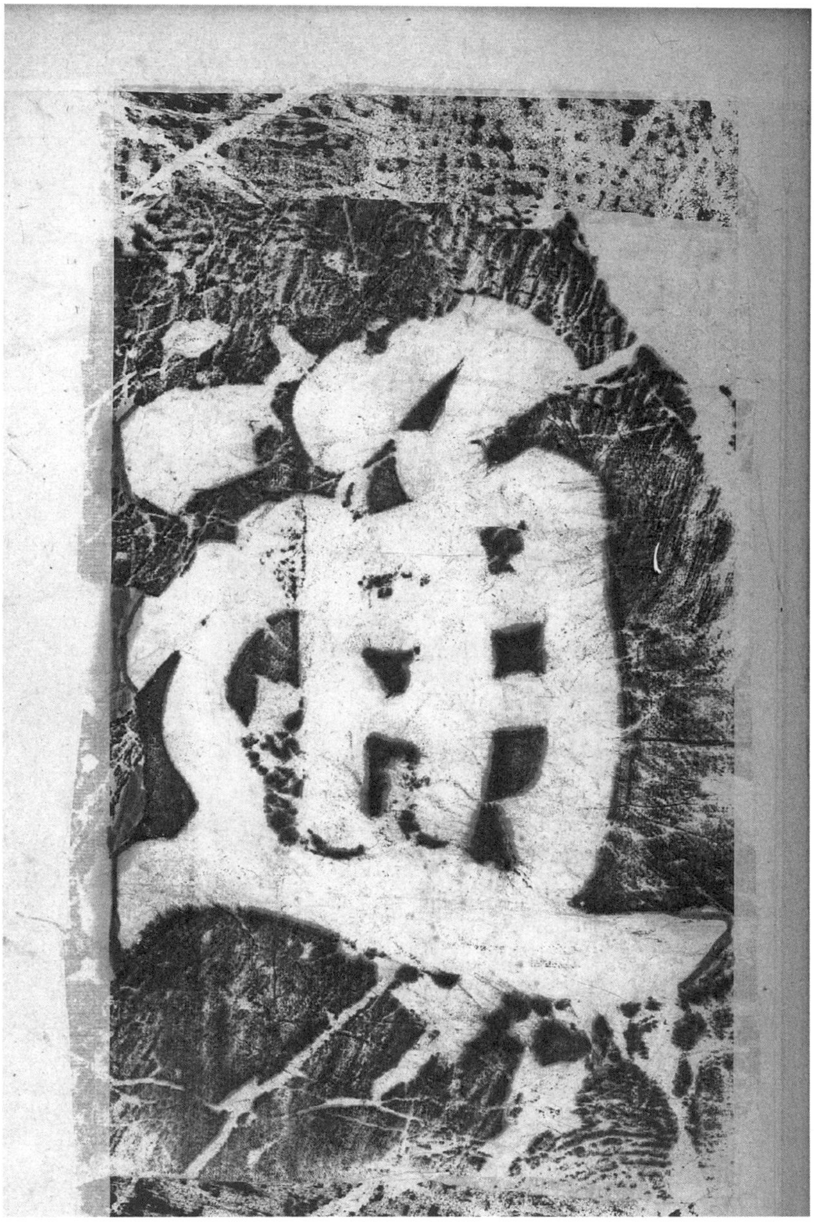

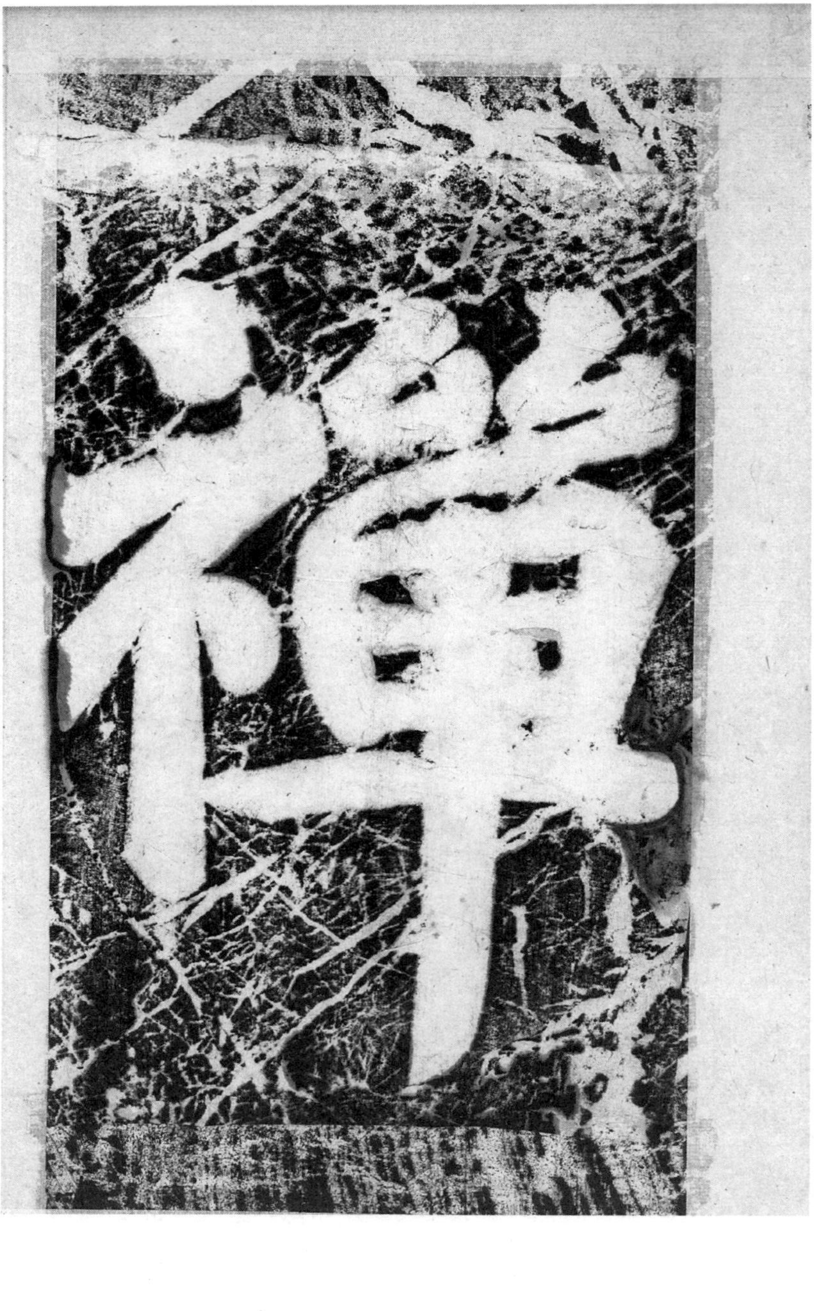

第一章 《大通禅师碑》文本梳理　25

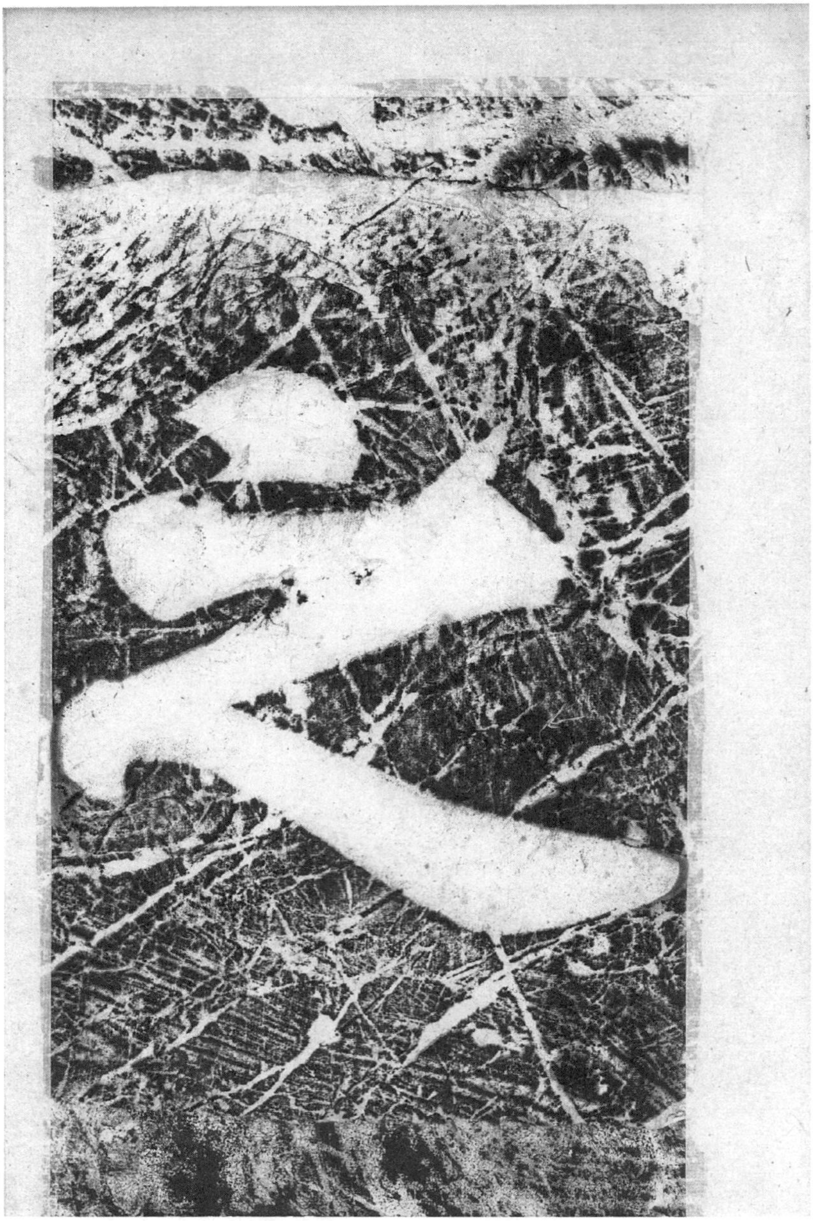

第一章　《大通禅师碑》文本梳理　27

大唐□师□□□□碑
□□□通禅□□□
□□□□□碑

第一章 《大通禅师碑》文本梳理 29

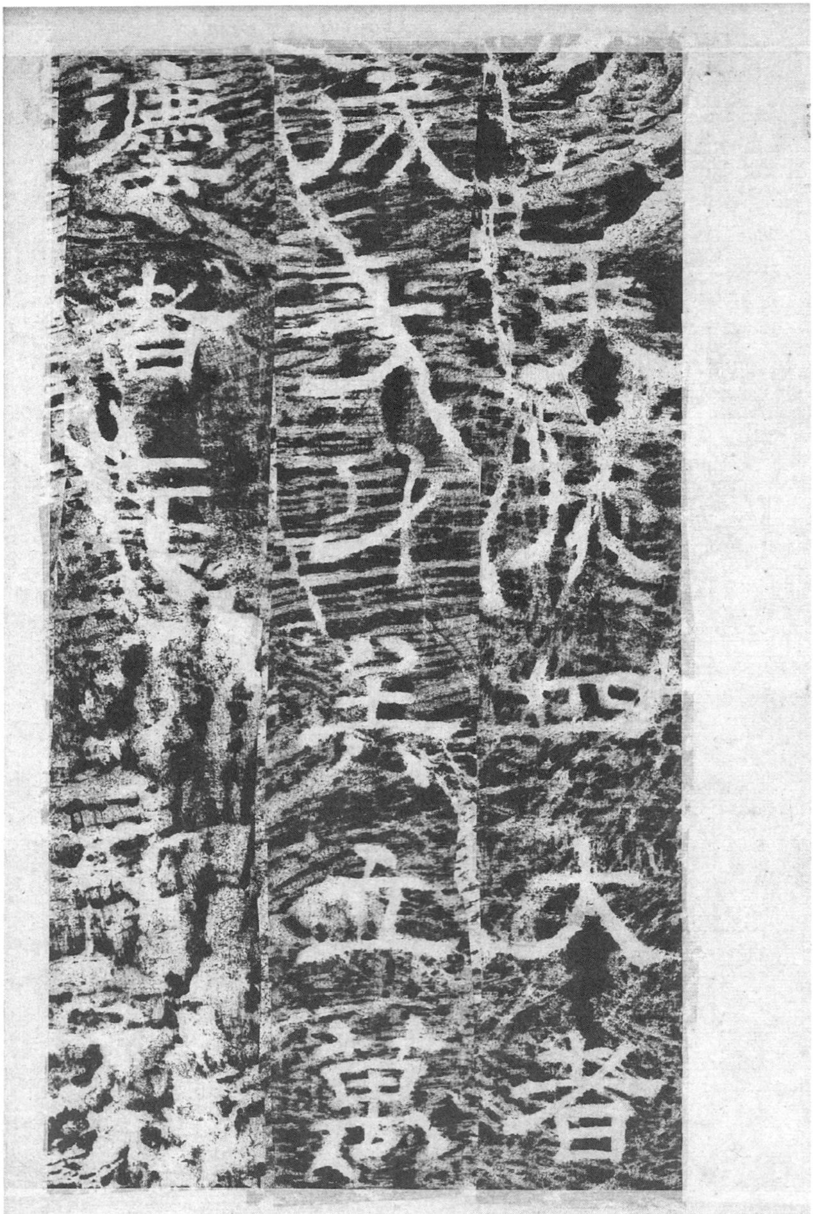

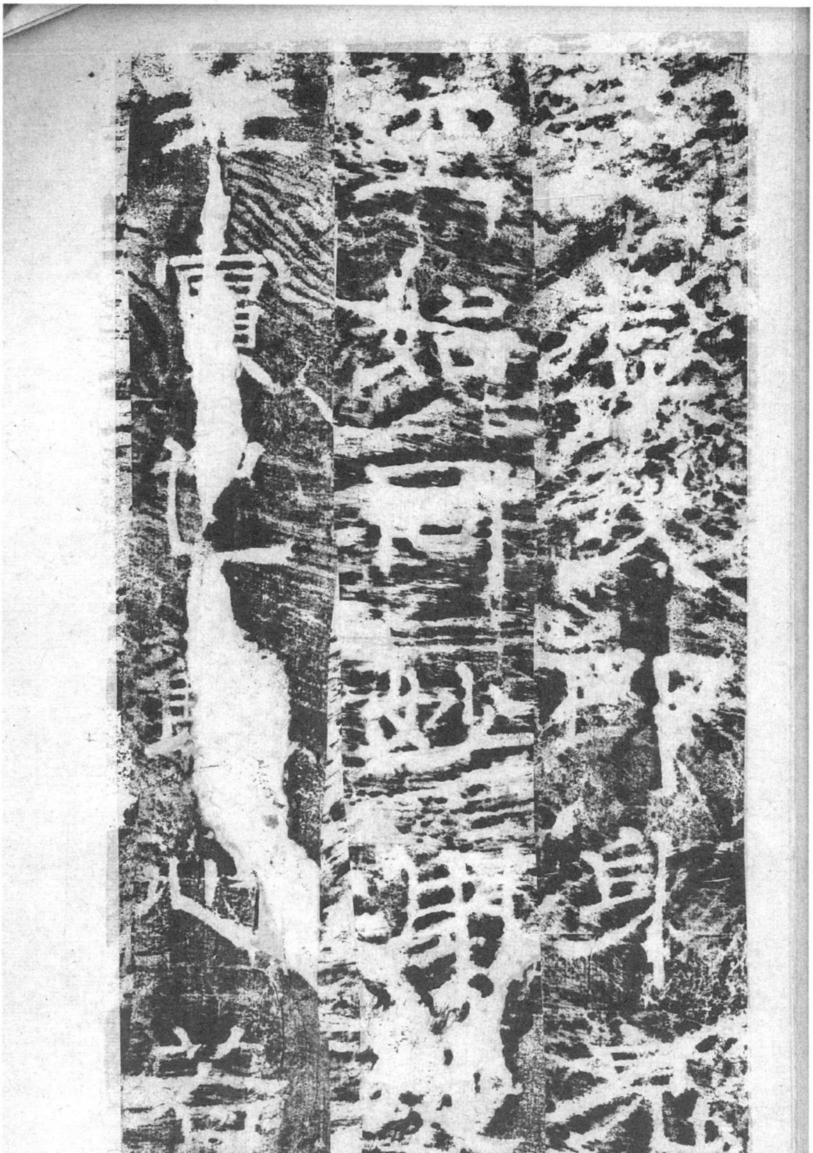

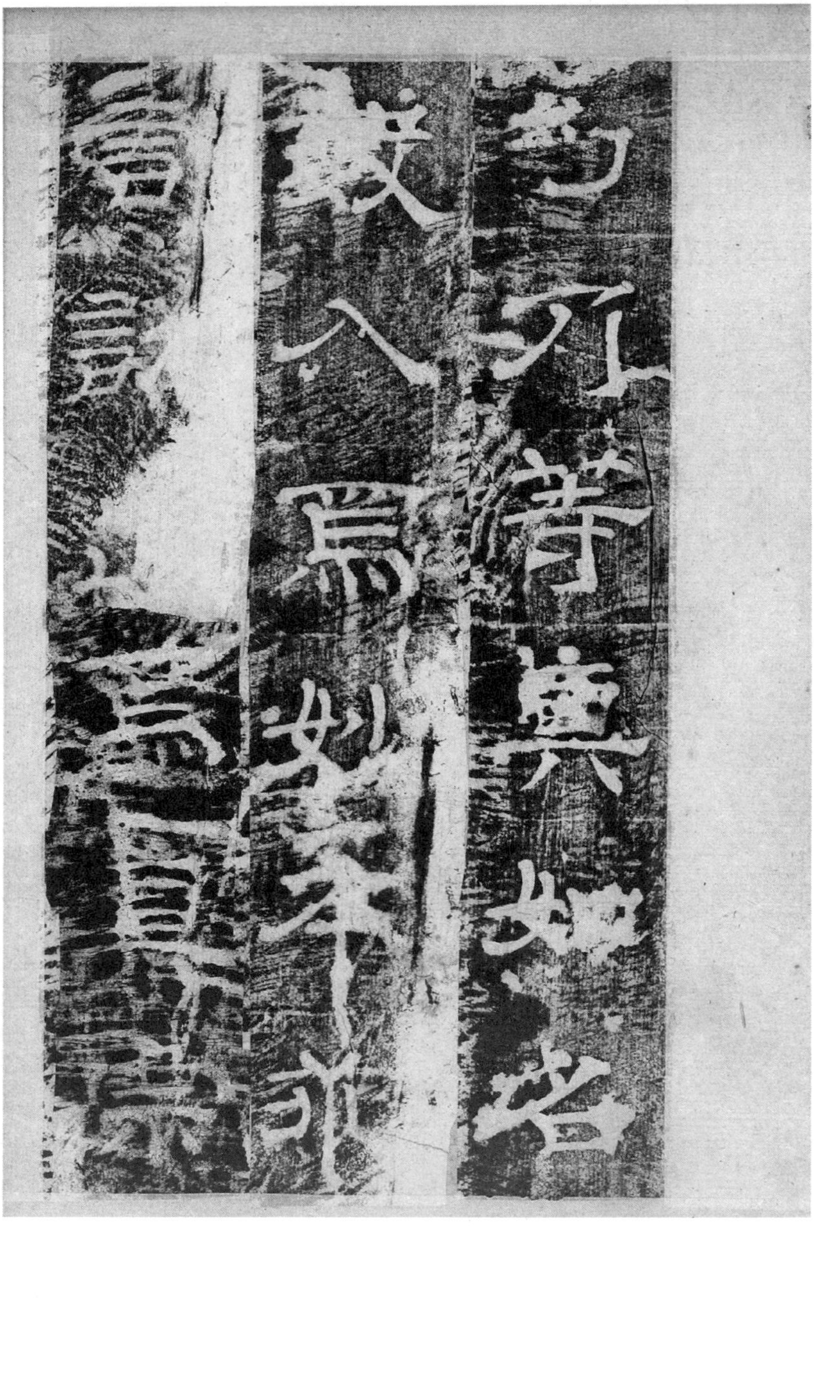

第一章 《大通禅师碑》文本梳理　33

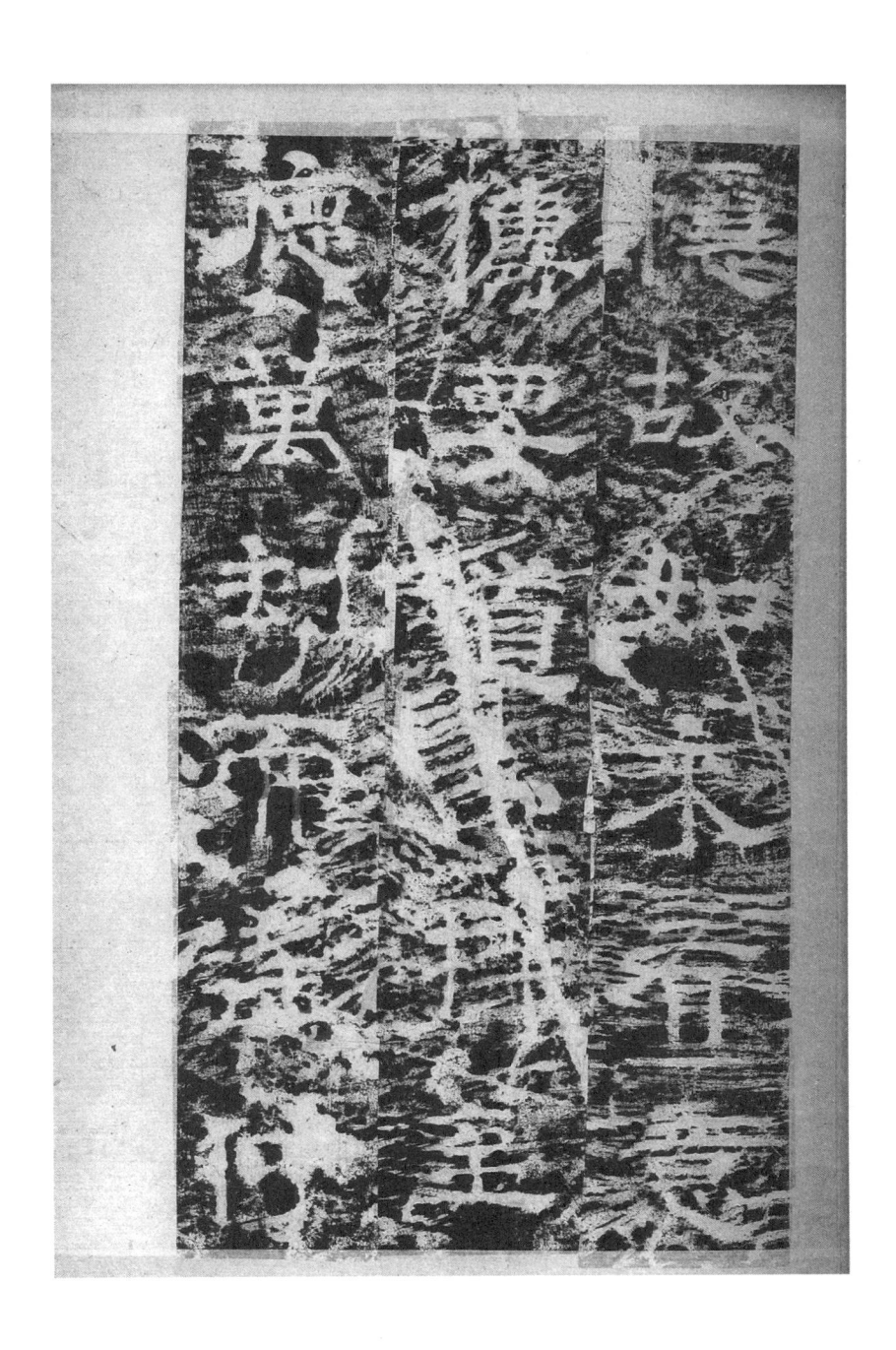

34 心镜孤悬——《大通禅师碑》校释与研究

第一章 《大通禅师碑》文本梳理　35

心镜孤悬——《大通禅师碑》校释与研究

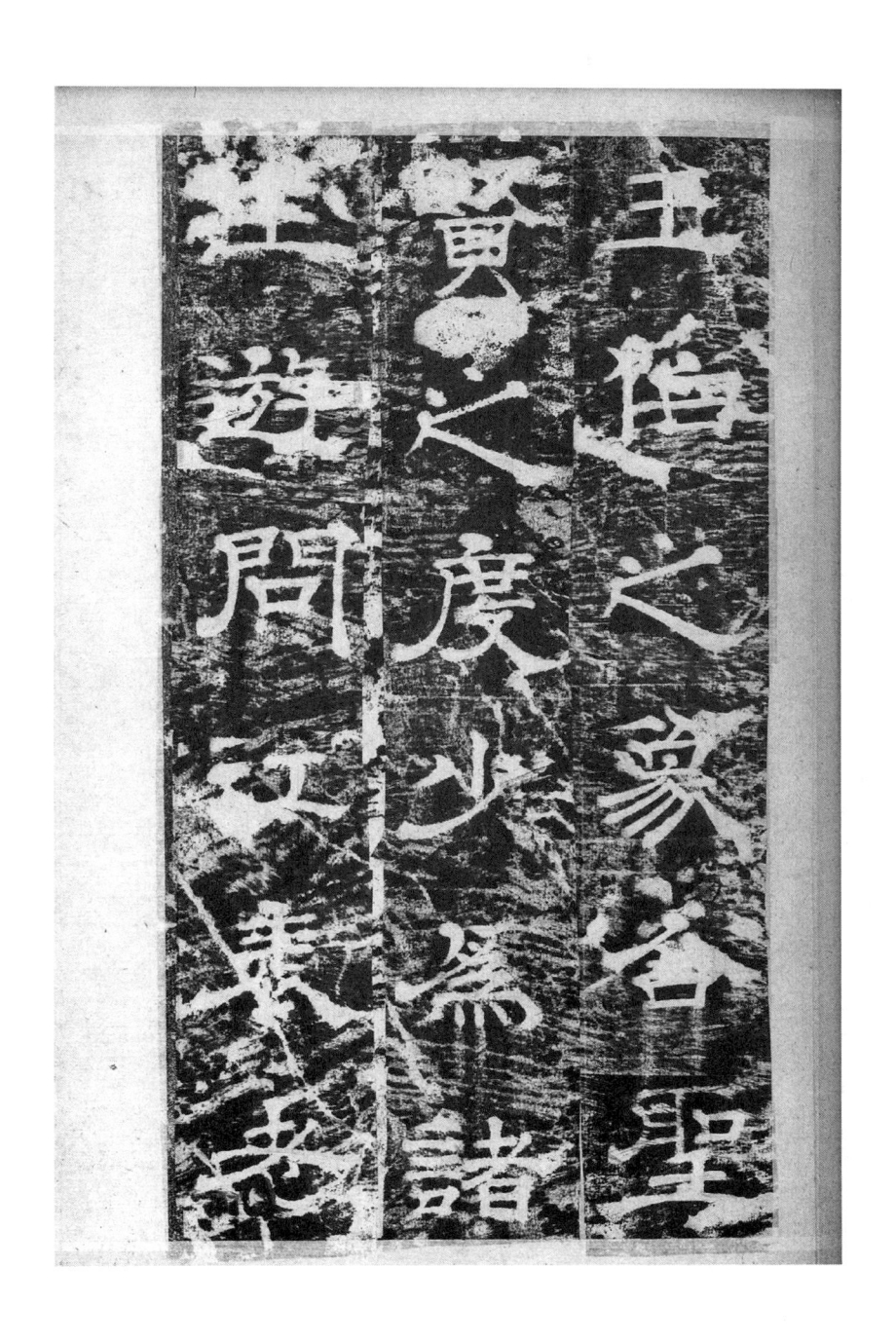

徇之象名聖
寶之度沙為諸
莚遊問文素

庄 义
宓 二
育 乘
曾 经
天 剒

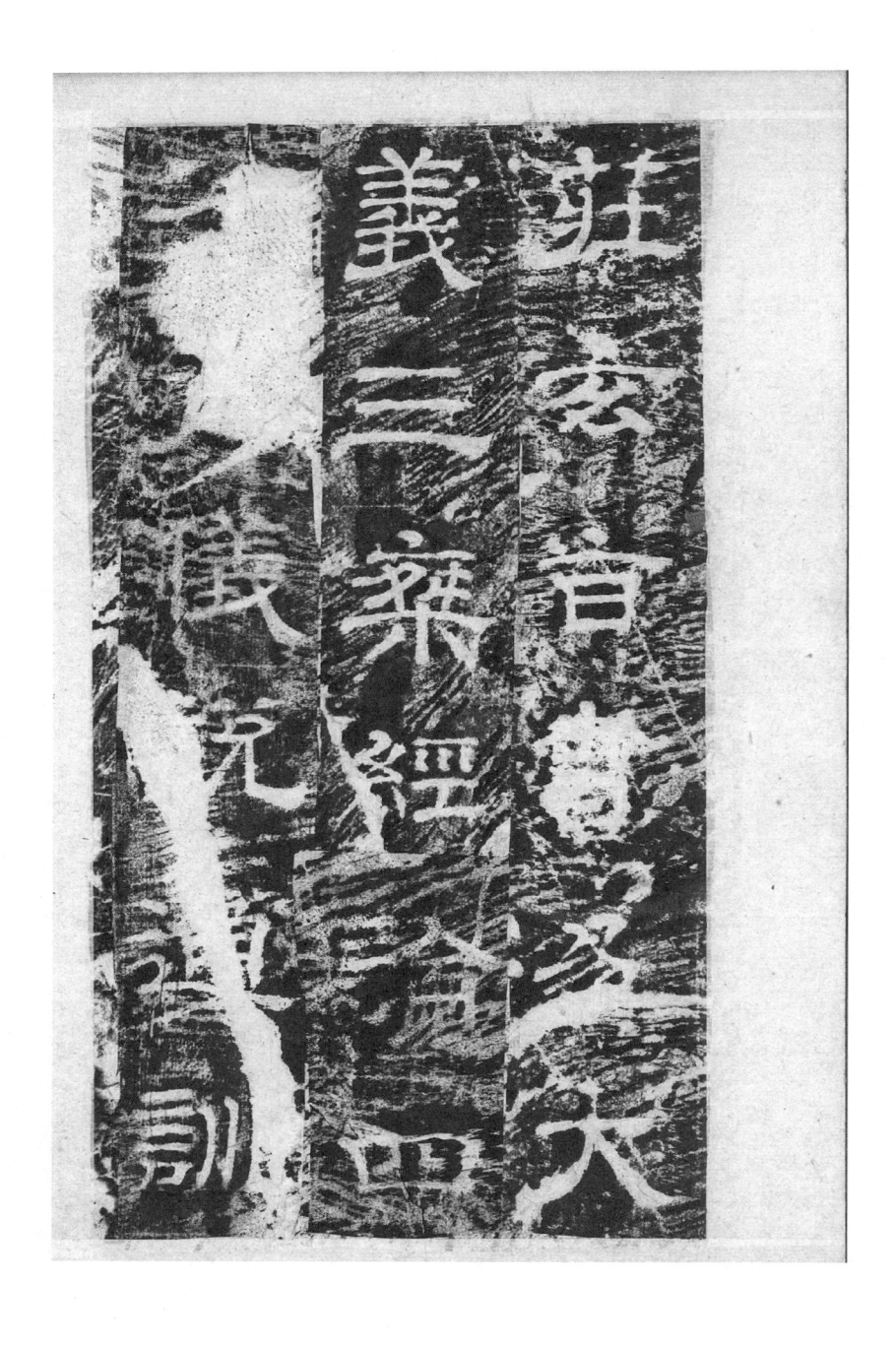

诗音祭吴梦烂
平如龙跳鳯翥玲
然如振金玉既

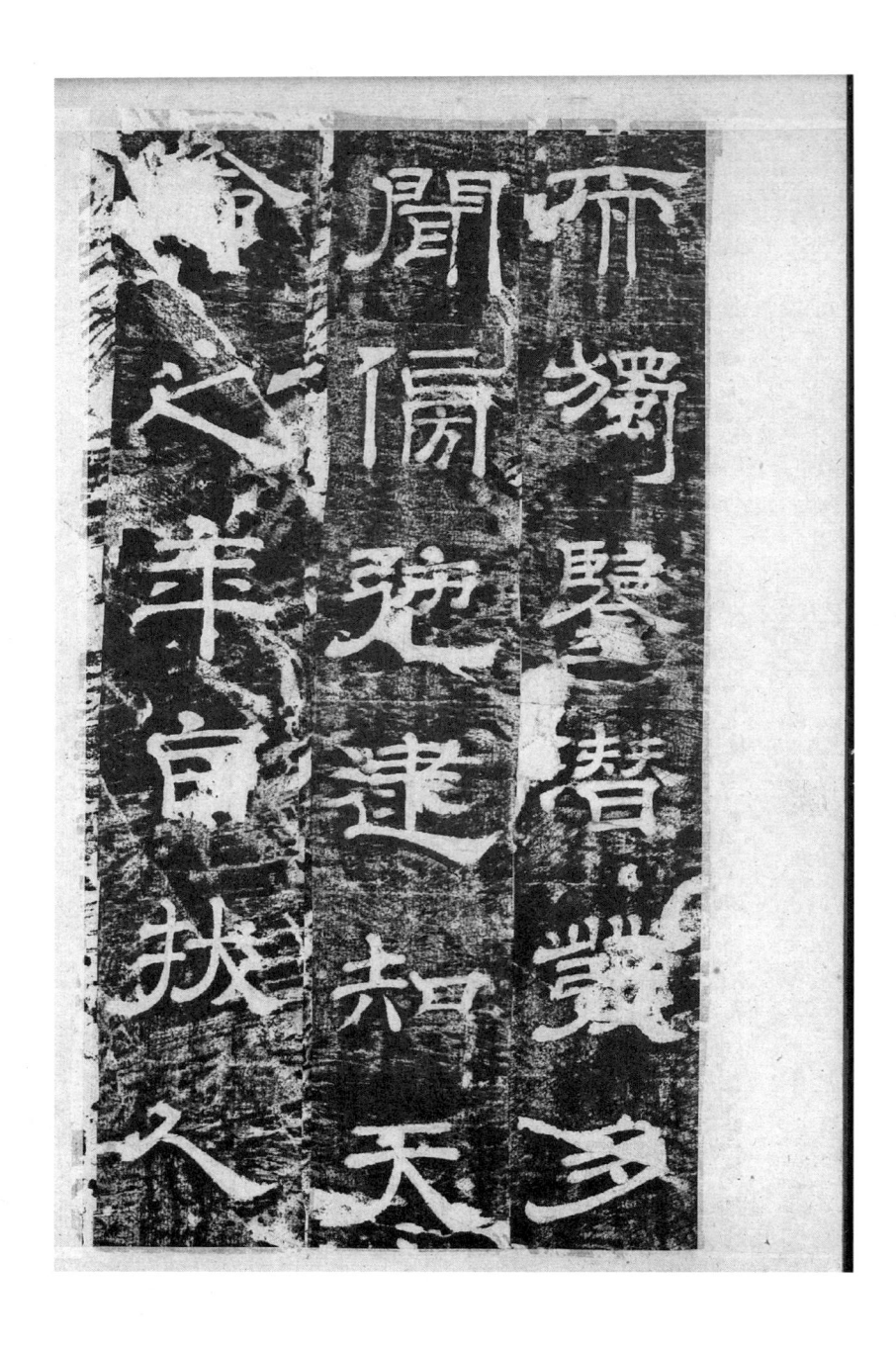

所燭鑒替叡多
聞偈兔逮知天
之未宣拔人

第一章 《大通禅师碑》文本梳理

菩提逢摩夹竺
东来□虑传惠
高坐停僧璨璨

第一章 《大通禅师碑》文本梳理　43

傳道　忍繼　軍五
　声　　朋　　光
　信　　千　　万
　傳　　壹　　來
　弘　　祚　　遠
　　　　楨

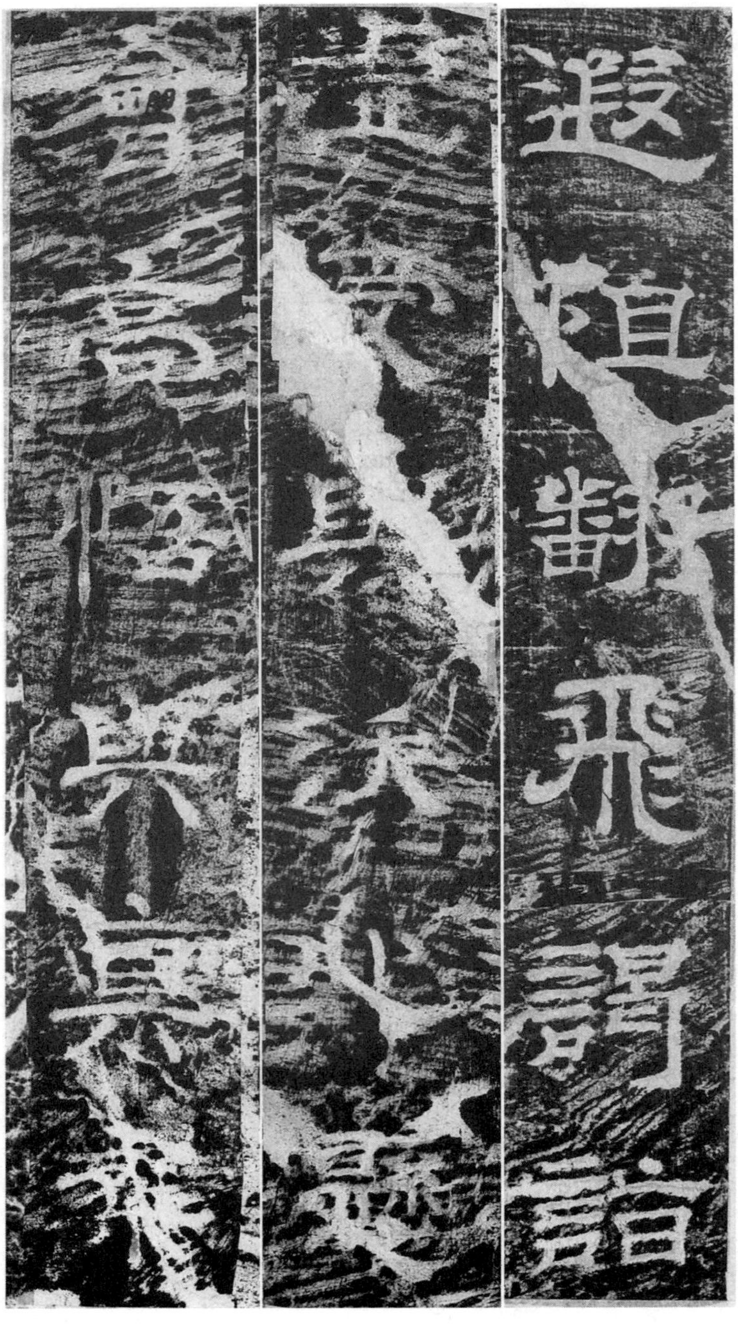

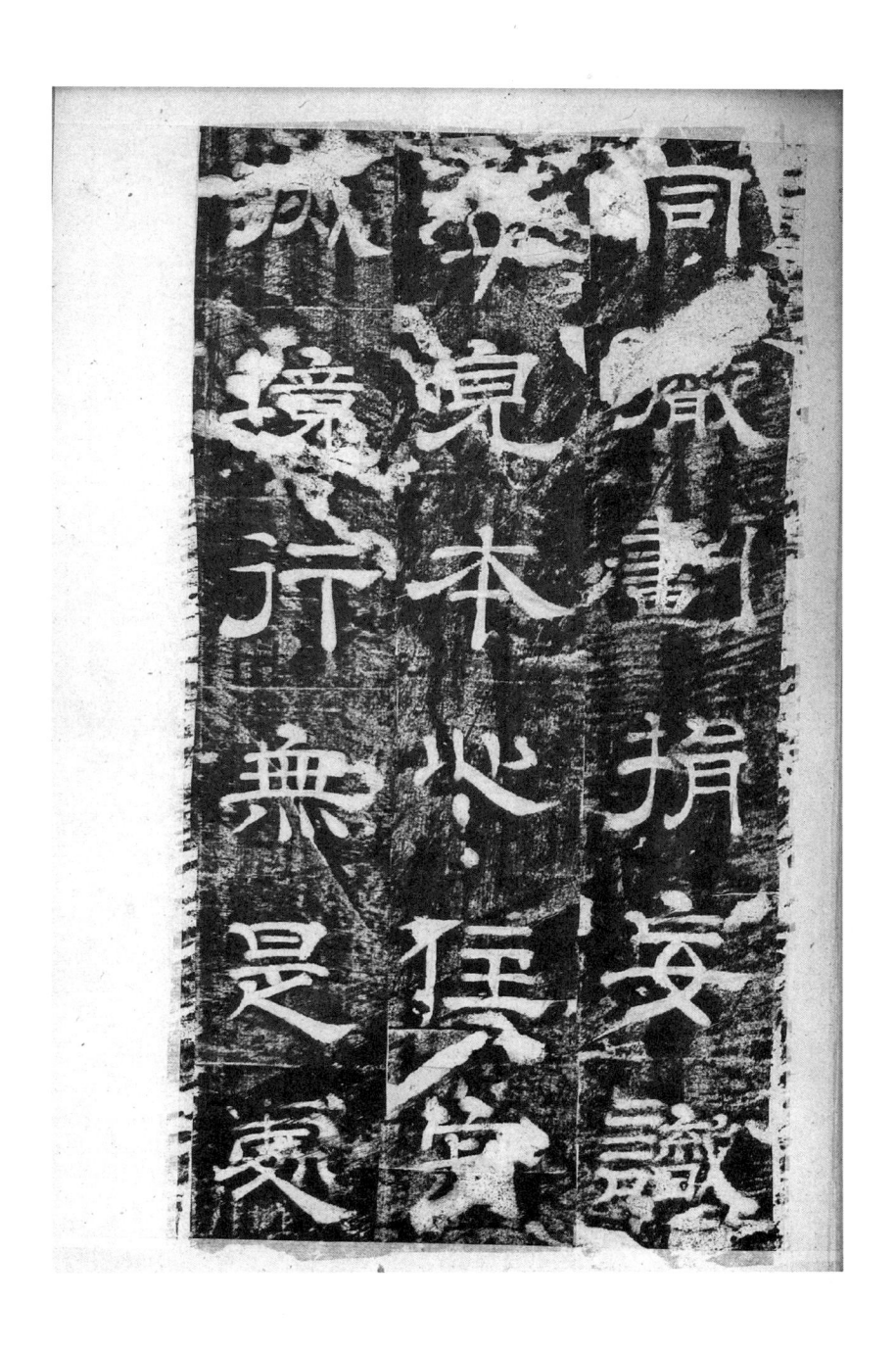

同
习以
尘
捐
境
观
本
妄
行
心
狂
识
无
是
处

者亦成即然
媱佛亦無依亦
欲是空王渡門

服勤六年
昼夜不师寺
东山之
之禅

48　心镜孤悬——《大通禅师碑》校释与研究

第一章 《大通禅师碑》文本梳理 49

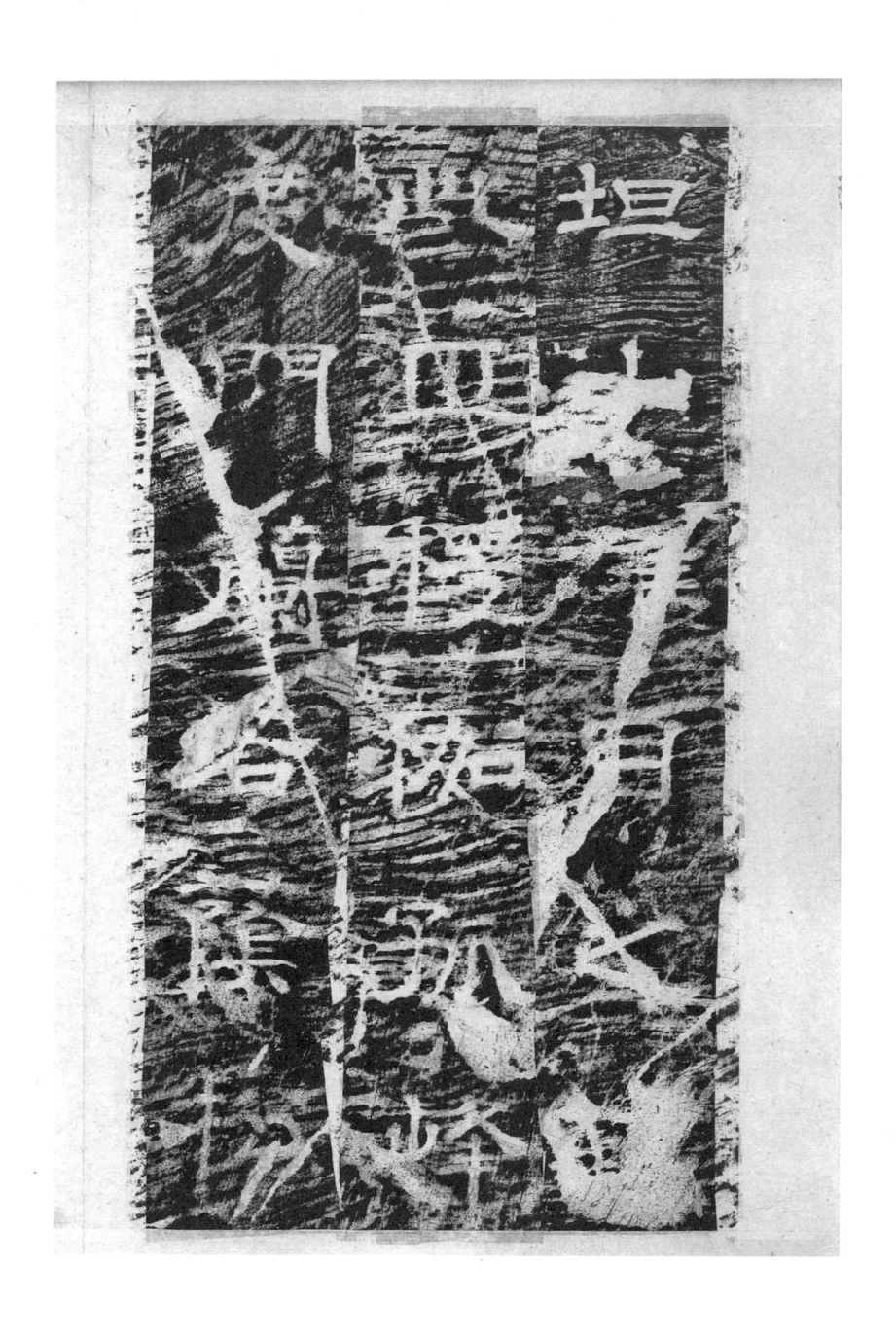

旦
殿
夾
門
理
大
埠
重
月
峯
合
竊
孤
鳥
峯

第一章 《大通禅师碑》文本梳理 51

靸草乍㱿老烏雲迩龍風迩滯大道出賢人覩

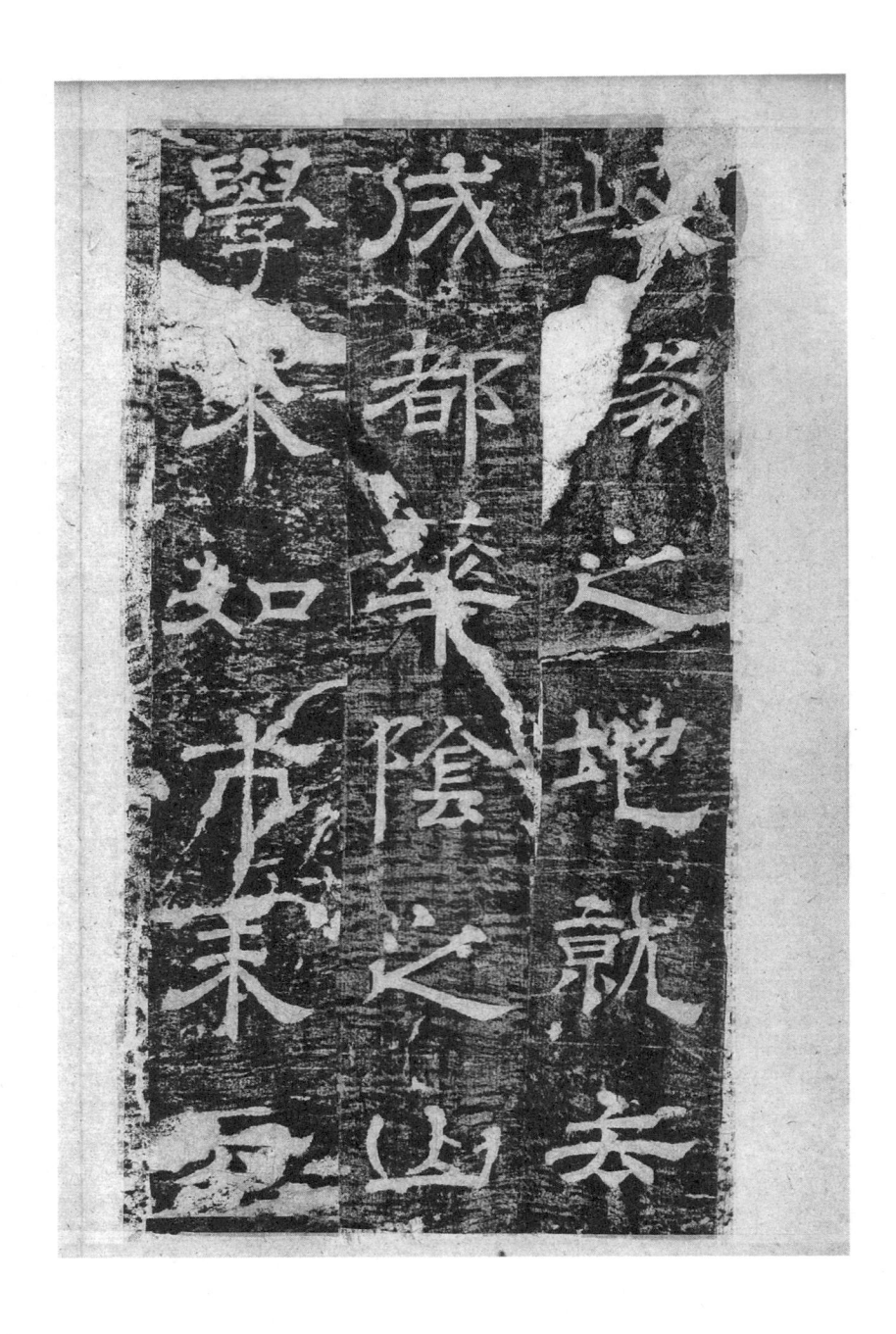

山篆之地就奉
成都葢陰之山
學术如市束星

第一章 《大通禅师碑》文本梳理 53

三千大暴趙迊
龕其開澶大略
具尊子念以息多

第一章 《大通禅师碑》文本梳理 55

（拓片图像，文字残存可辨：寇之／莫之後／劫皆如特奉穆／宴／康緣盡）

伽虑爲心要過
此以涯未之感
知 禪師

春秋高其
而來跌
痛與上
驅

第一章 《大通禅师碑》文本梳理 59

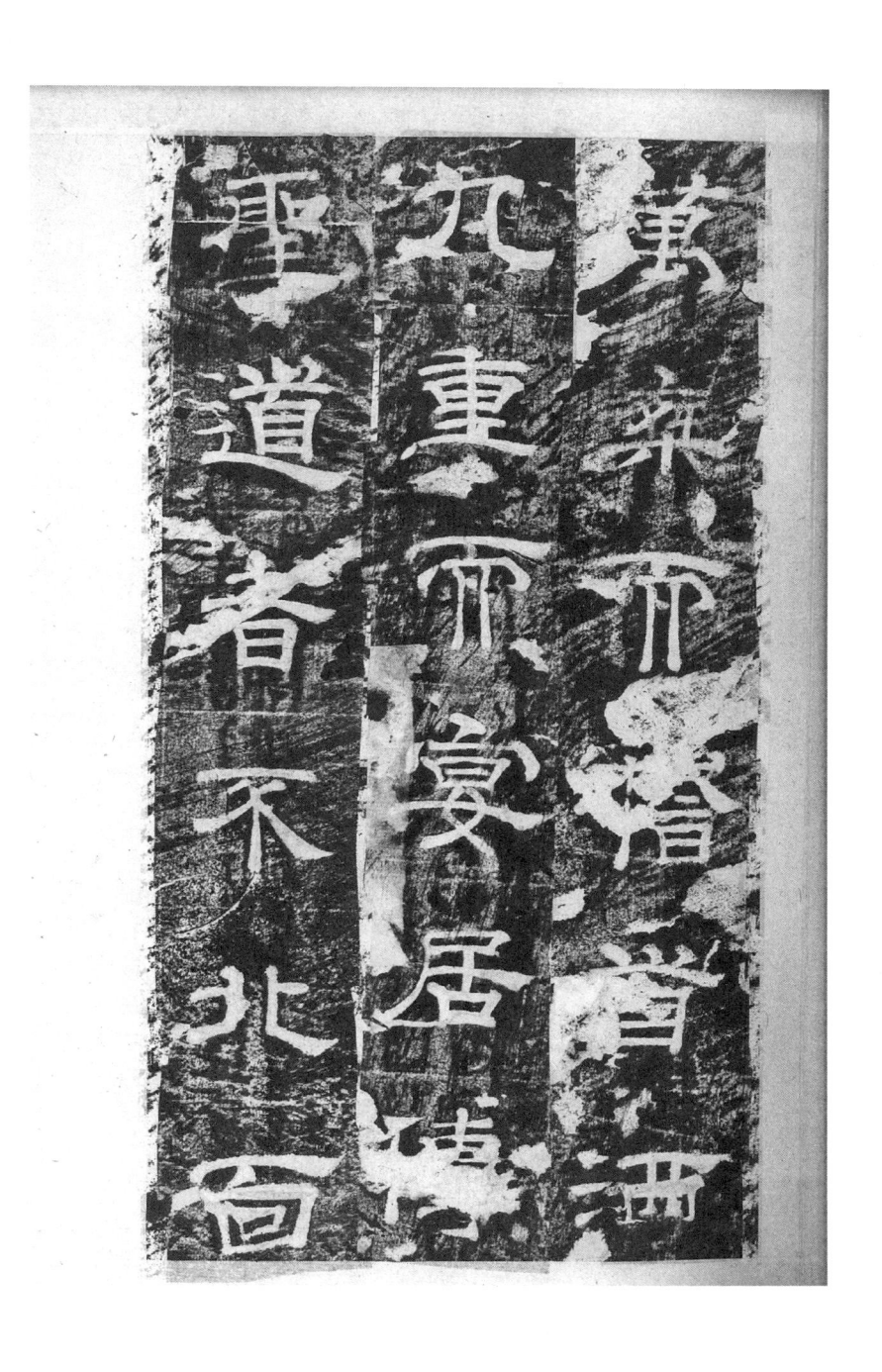

有盛德者無匪
禮遂據兩京
瘞玉國師卿燉

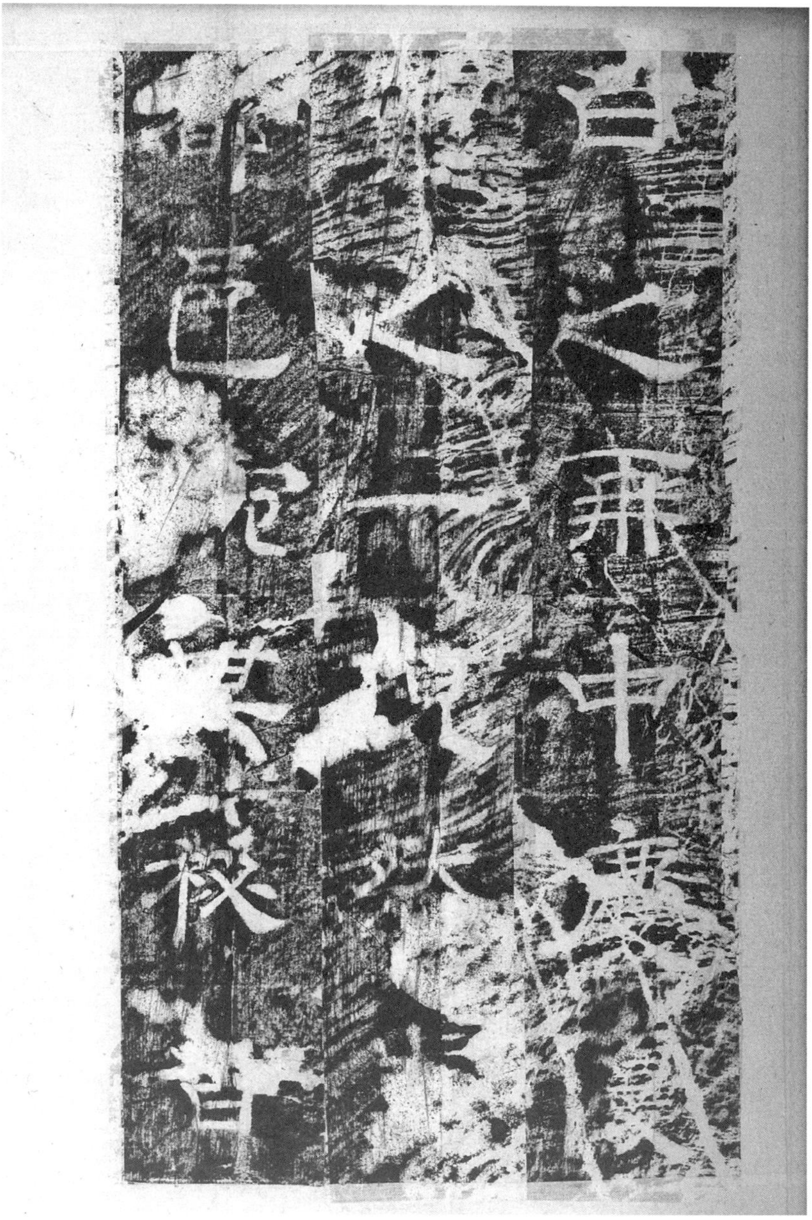

寅帝主
后文
四 ？ 臨
而 ？ 席
？ 鴻
繞 鷺
時

第一章 《大通禅师碑》文本梳理 63

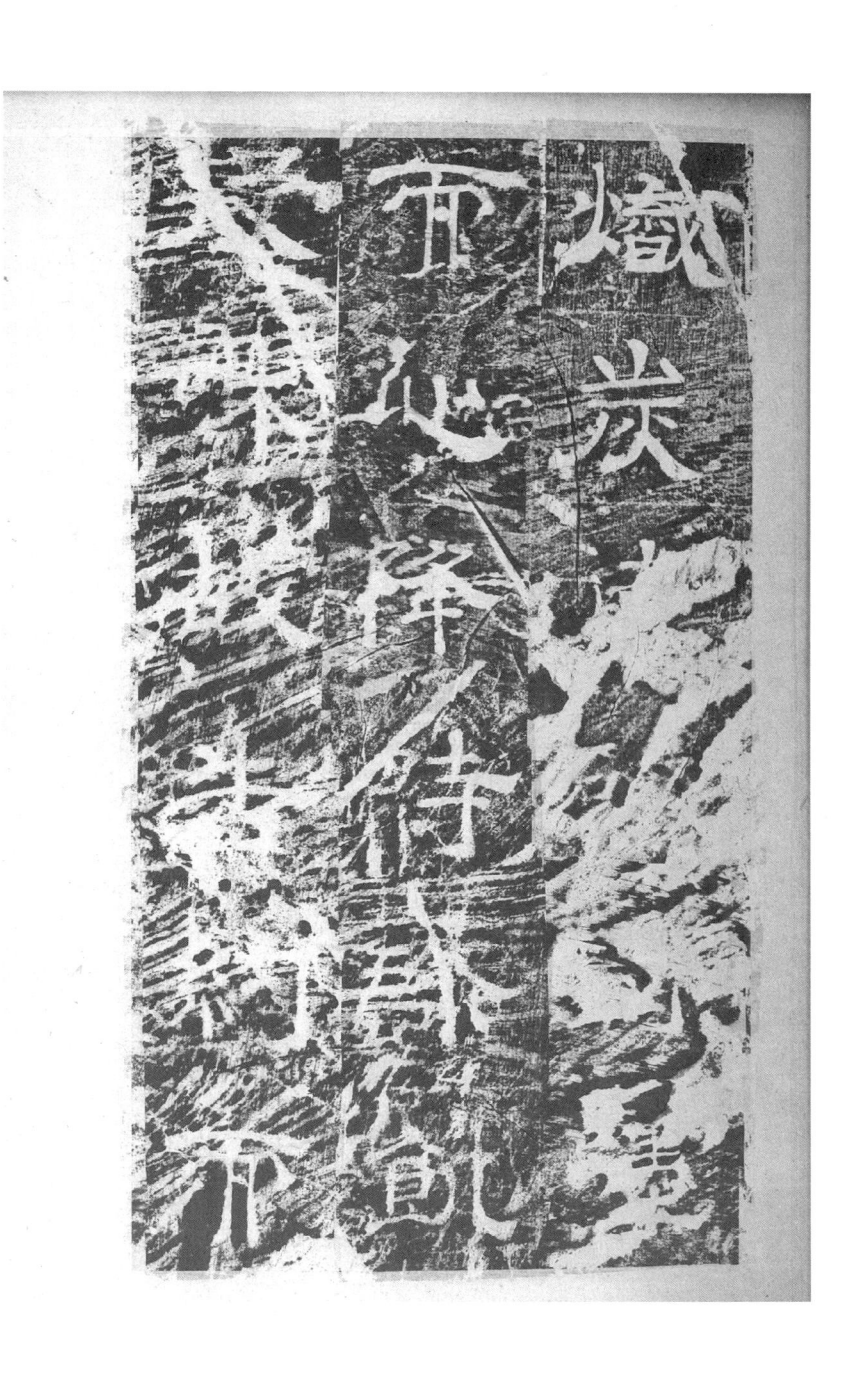

64　心镜孤悬——《大通禅师碑》校释与研究

空住無畏應憂
無方者寂
慰代慎

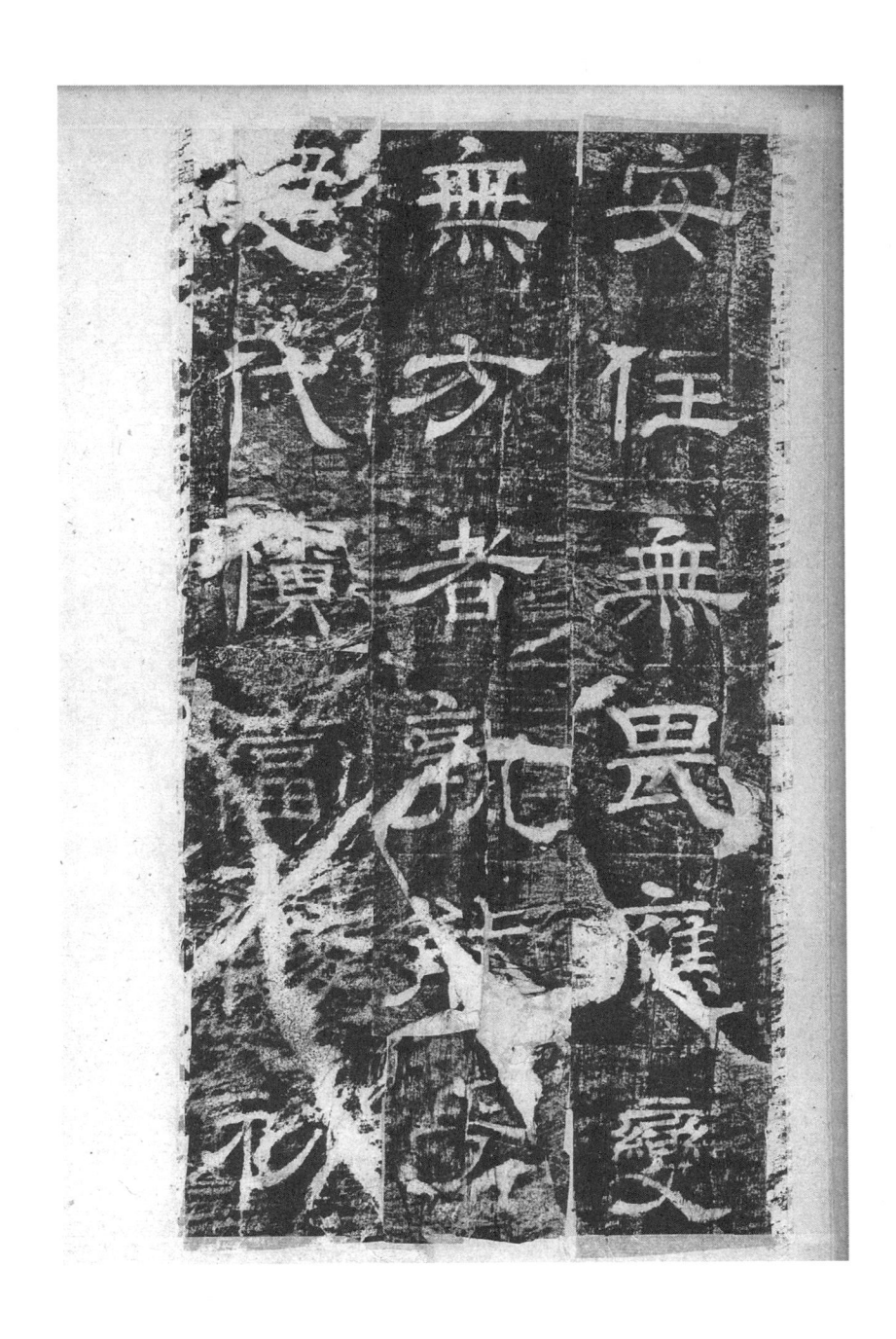

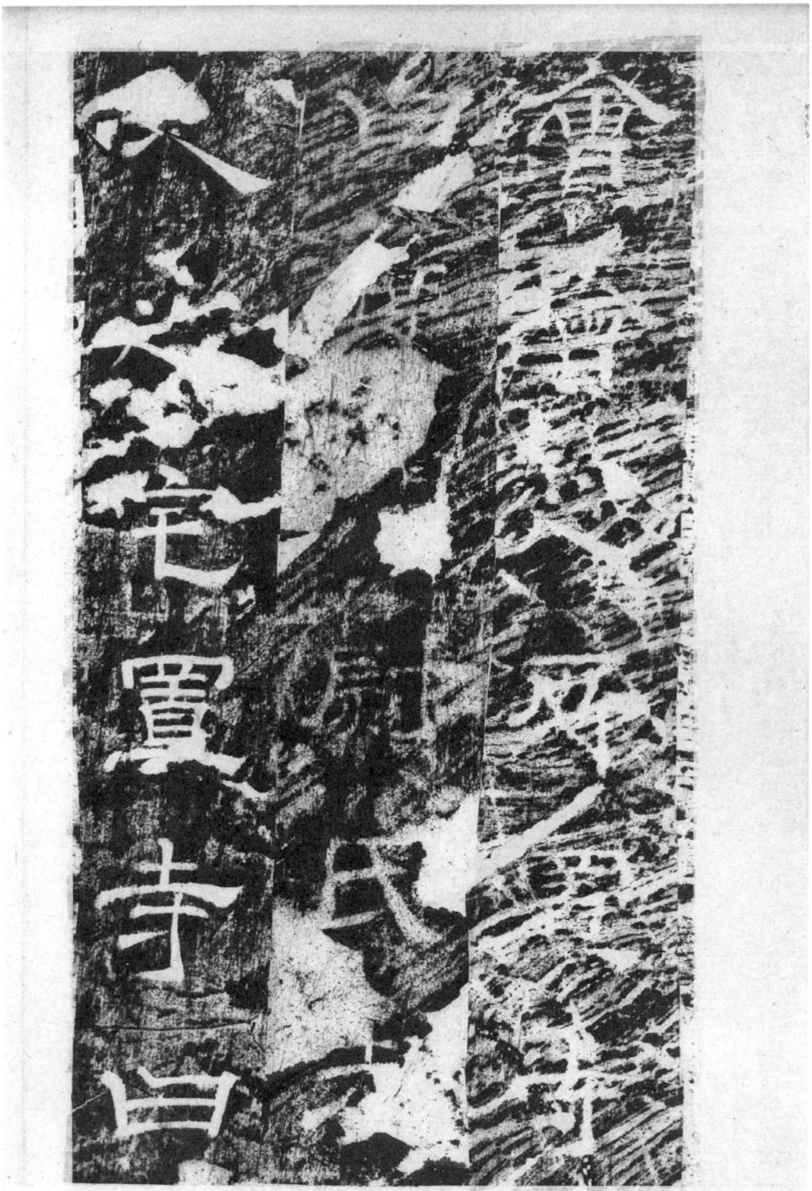
宅置寺曰

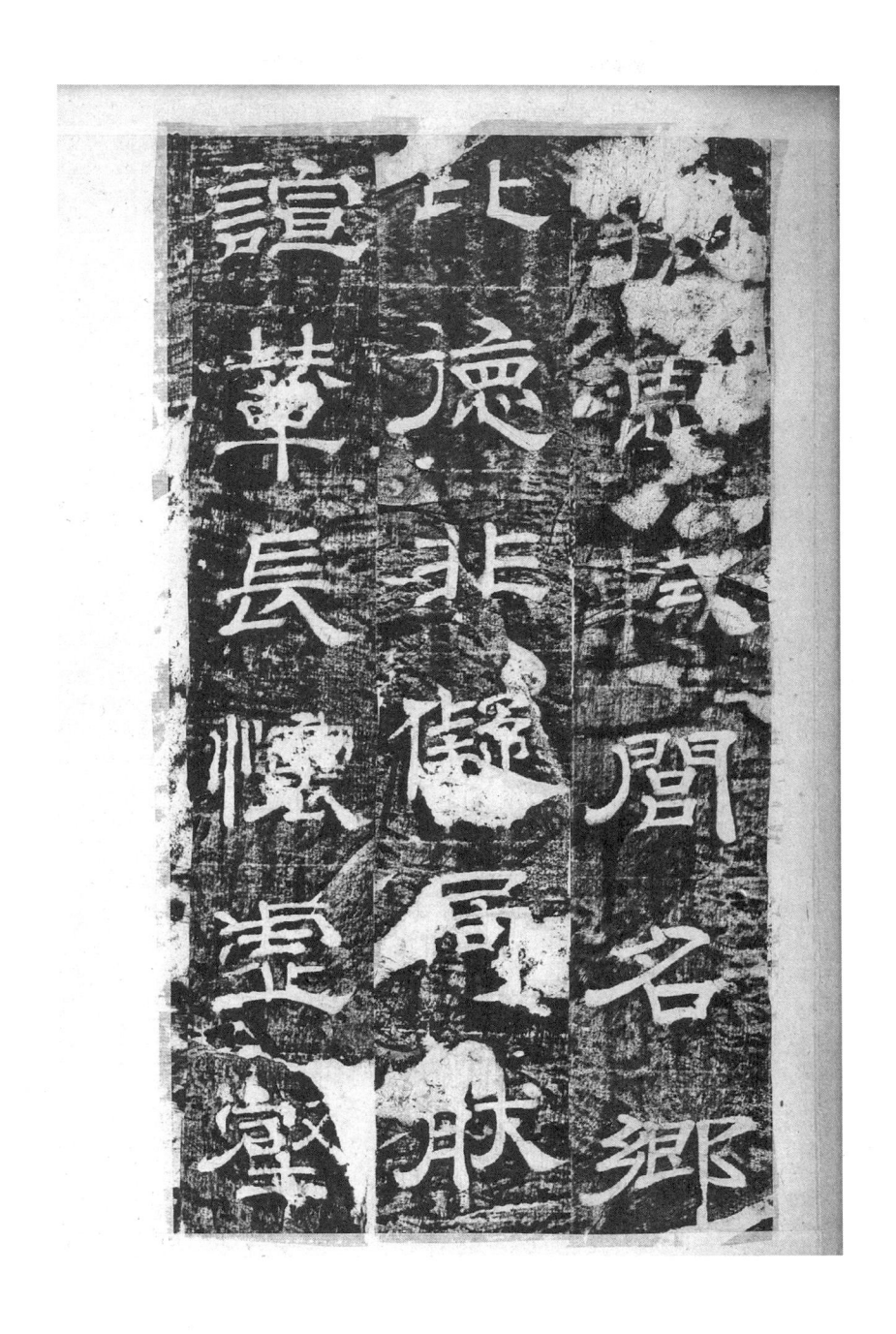

誼華長懷虛堂 比德非傷扃脈 德藏間名鄉

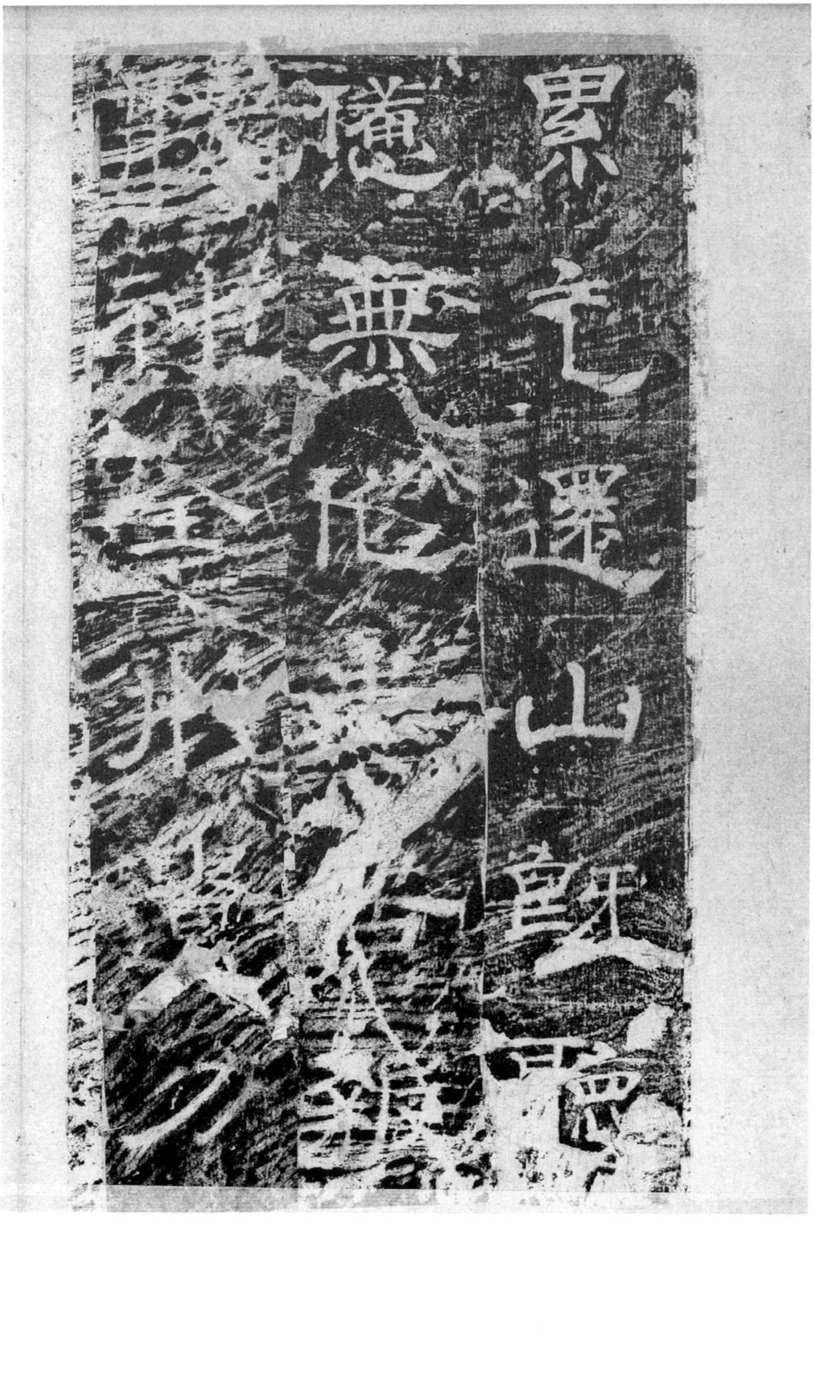

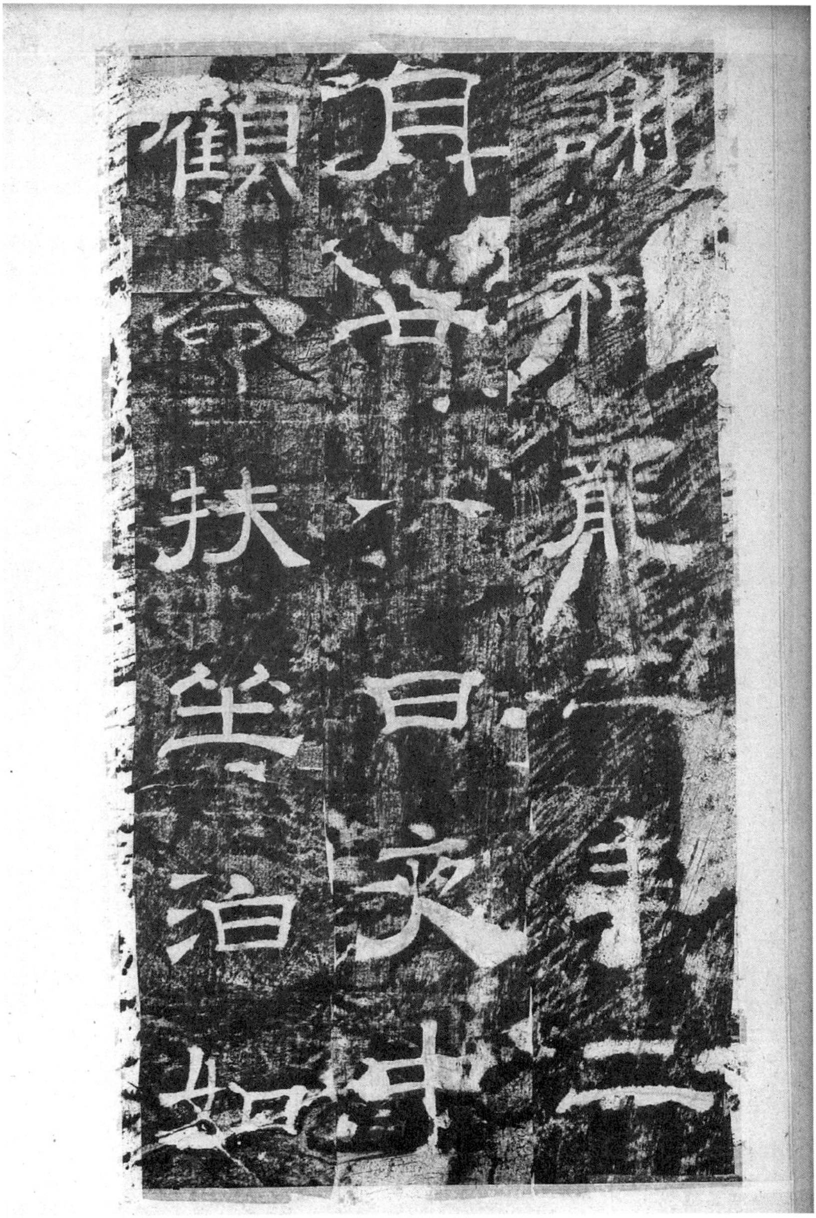

化减禅师武应
六年乙酉受具
於灭害於

第一章 《大通禅师碑》文本梳理 71

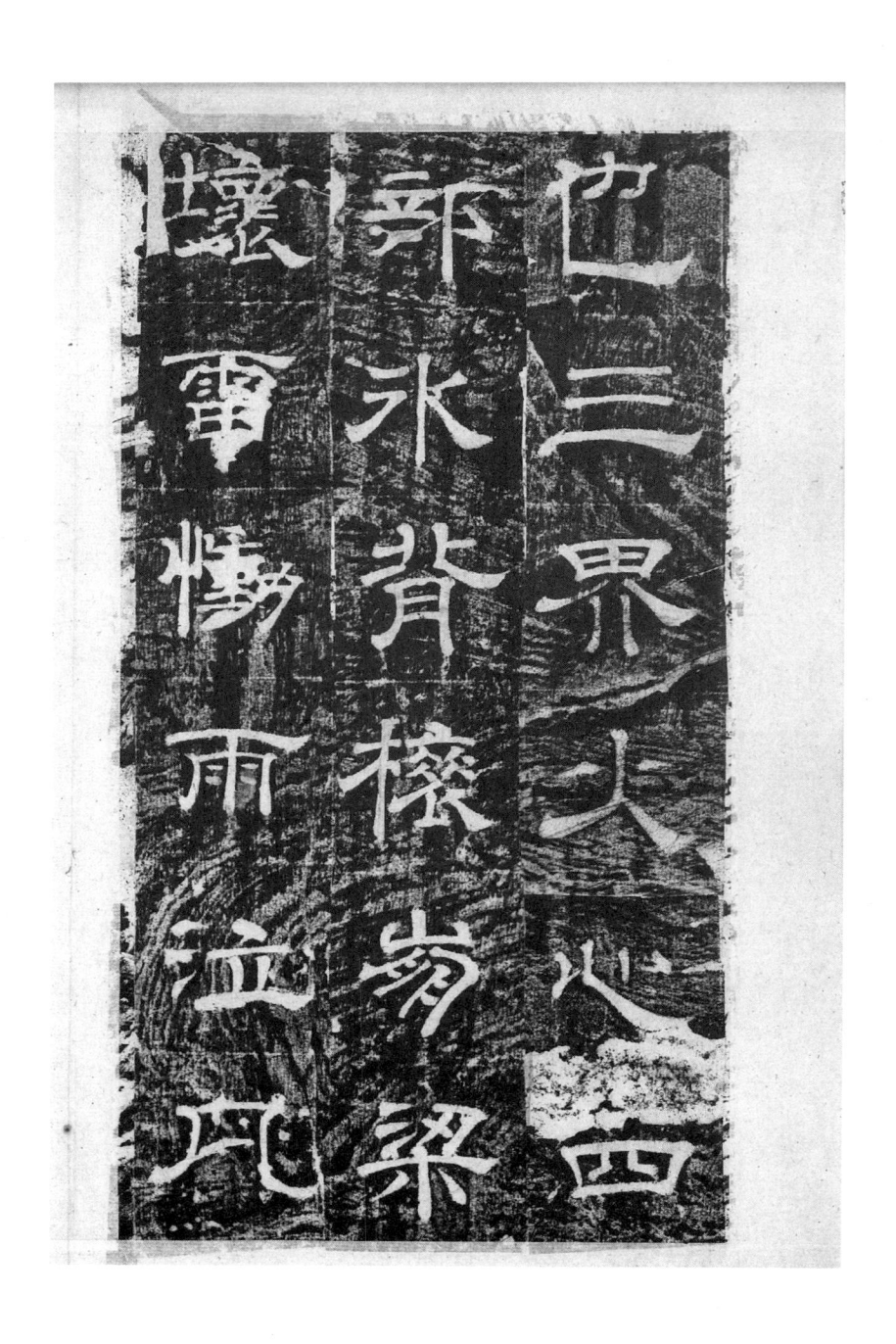

也三界人心四
郭水背欃崩梁
壞霄懵雨泣风

第一章 《大通禅师碑》文本梳理　73

谥大通崇饰
终之
殁立义礼也时
曰假安阙

第一章 《大通禅师碑》文本梳理　75

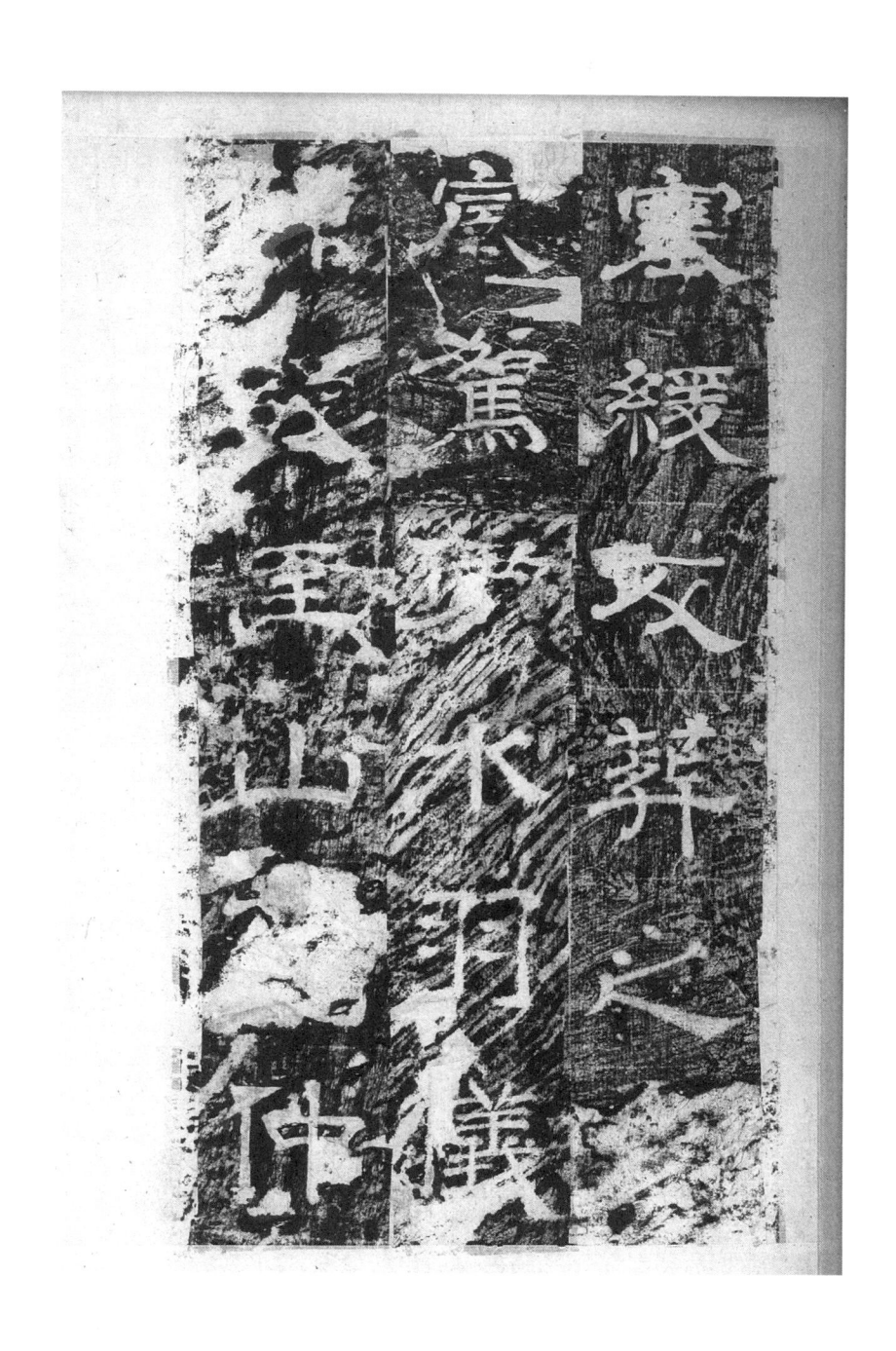

寒缓亥葬
憲一鴍
茨室莎水門儀
山中

秋颙望还诏
下敕诏先许
宴遂寓卿吉

第一章 《大通禅师碑》文本梳理   77

江林道衷儴幢
花百輦香雲木

第一章 《大通禅师碑》文本梳理 79

心镜孤悬——《大通禅师碑》校释与研究

第一章 《大通禅师碑》文本梳理 81

至人違代同
寅
也

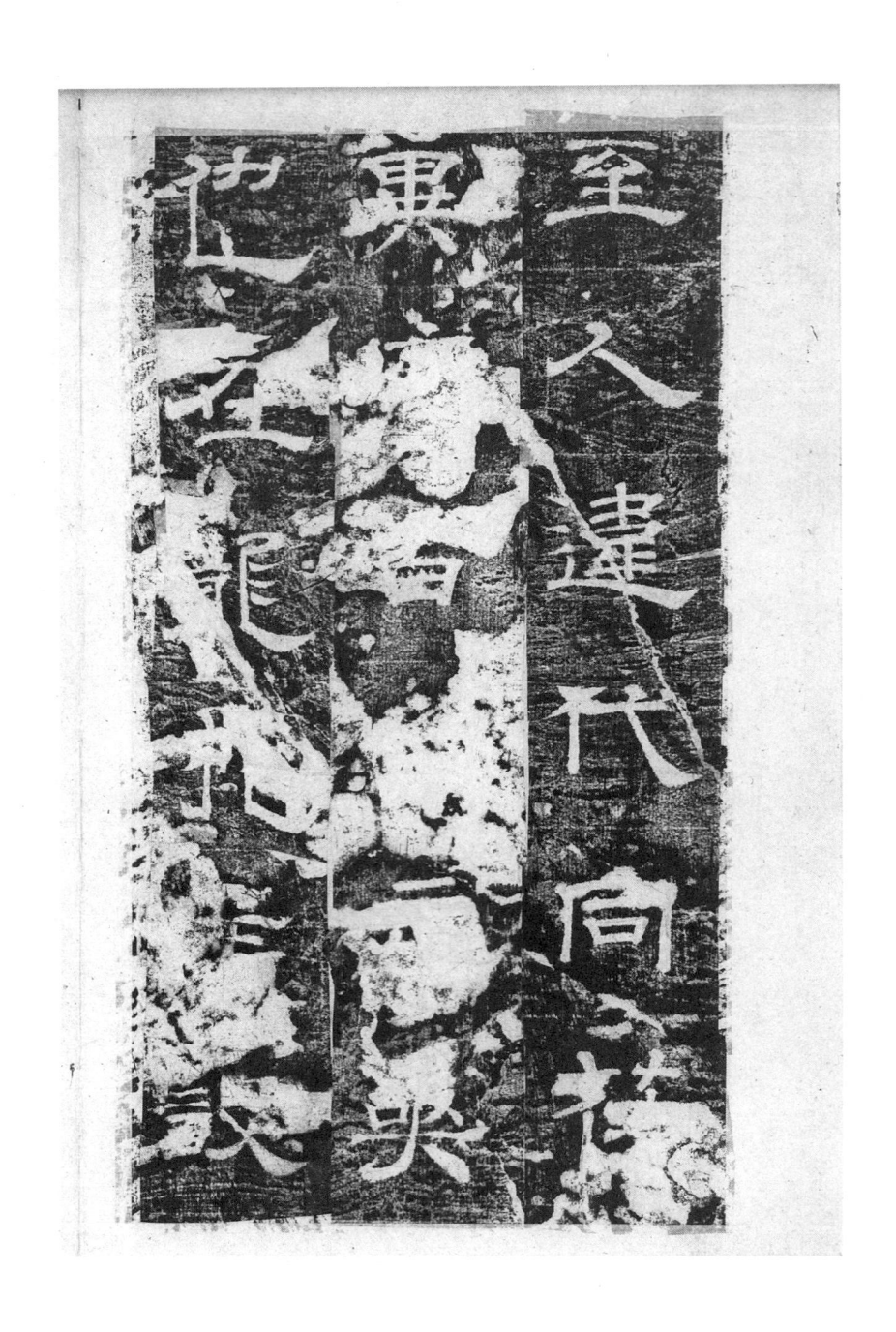

会菩萨□□
后宫寰宇盈□桓
□赜□画观

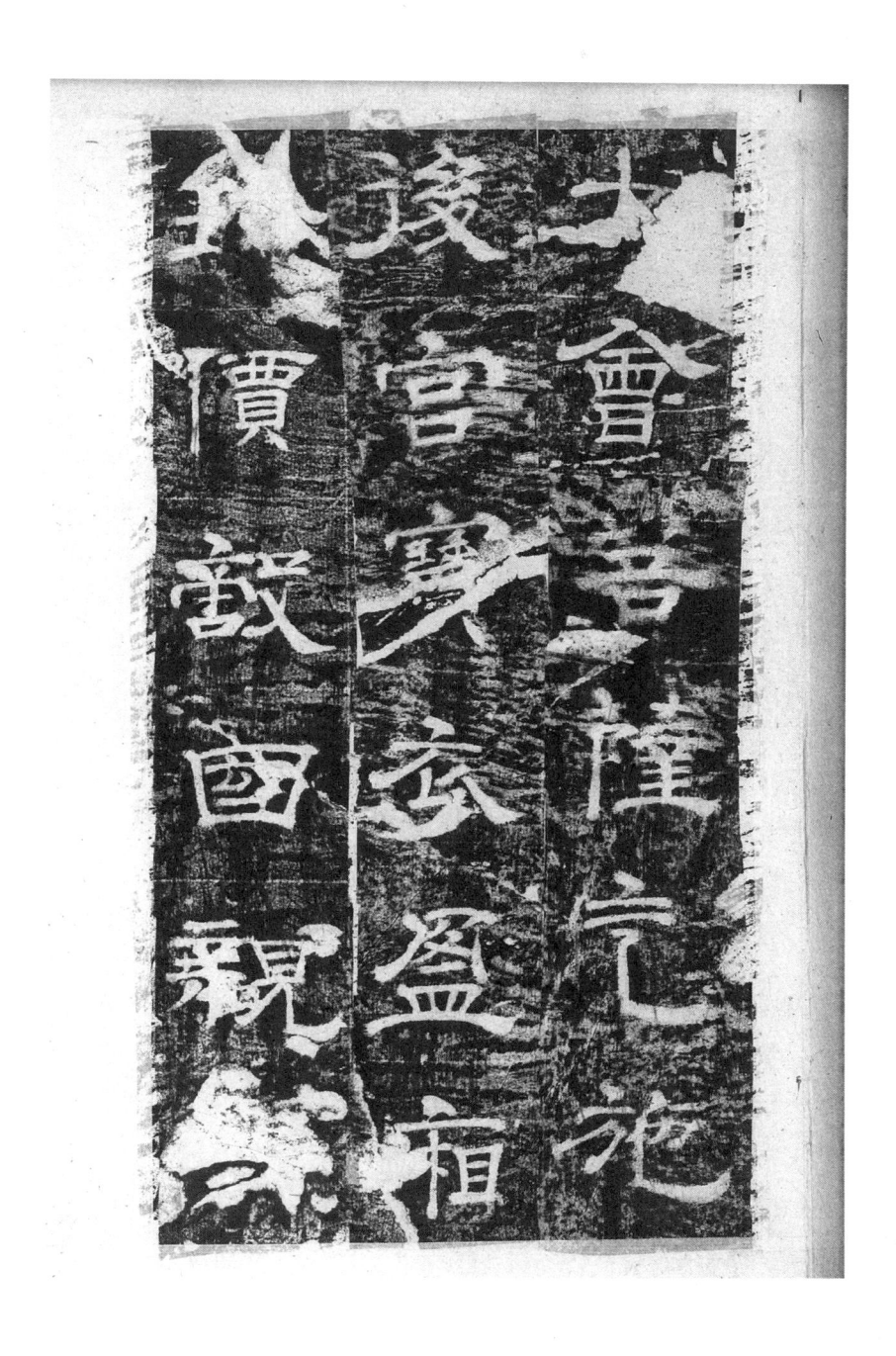

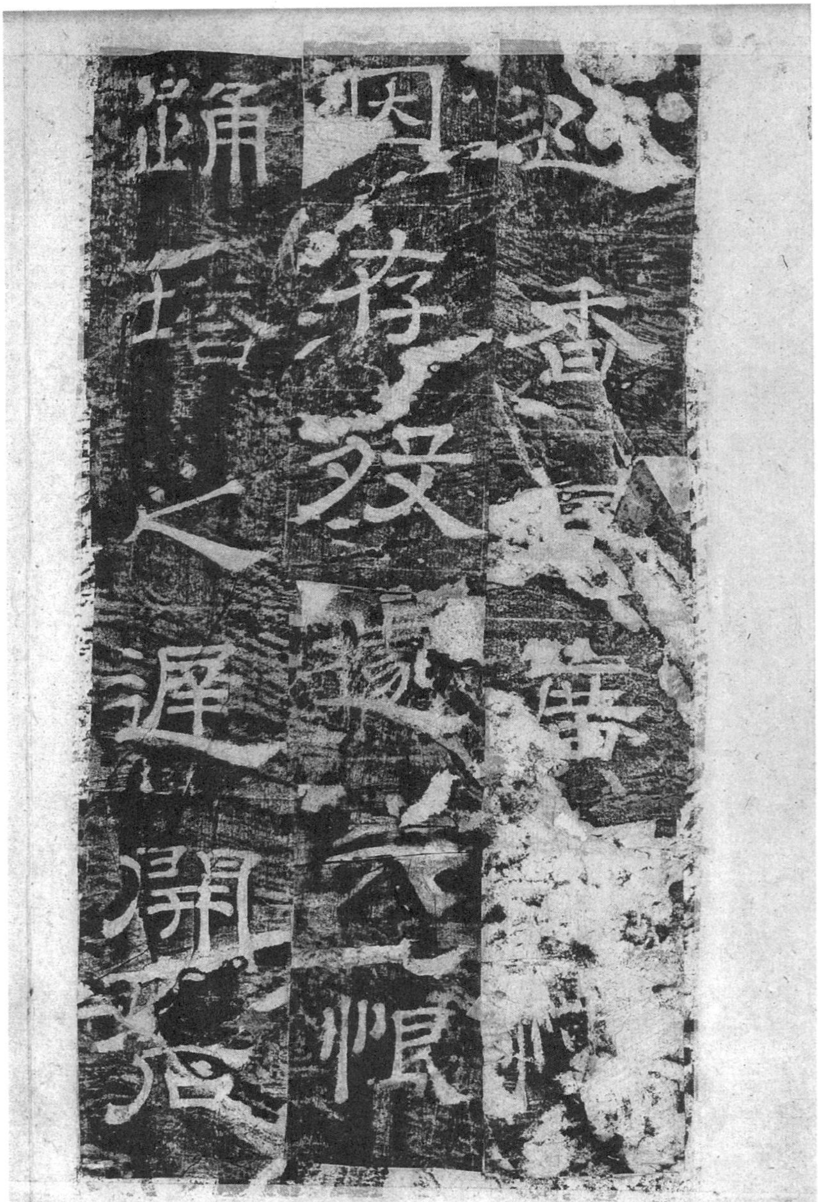

第一章 《大通禅师碑》文本梳理 85

86　心镜孤悬——《大通禅师碑》校释与研究

第一章 《大通禅师碑》文本梳理　87

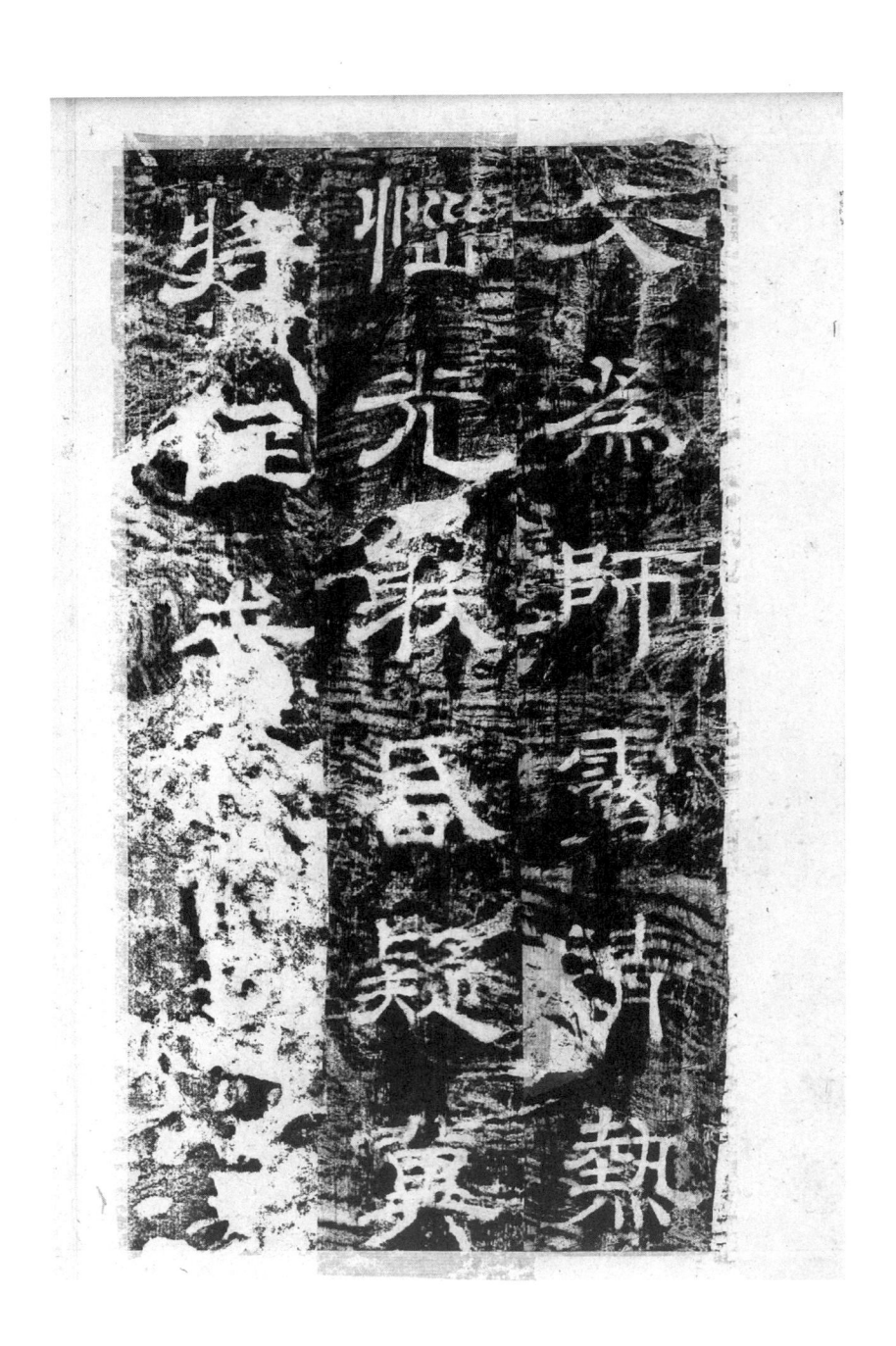

大燕师雱清
临兀获宽疑奥热
特金戈

第一章 《大通禅师碑》文本梳理　89

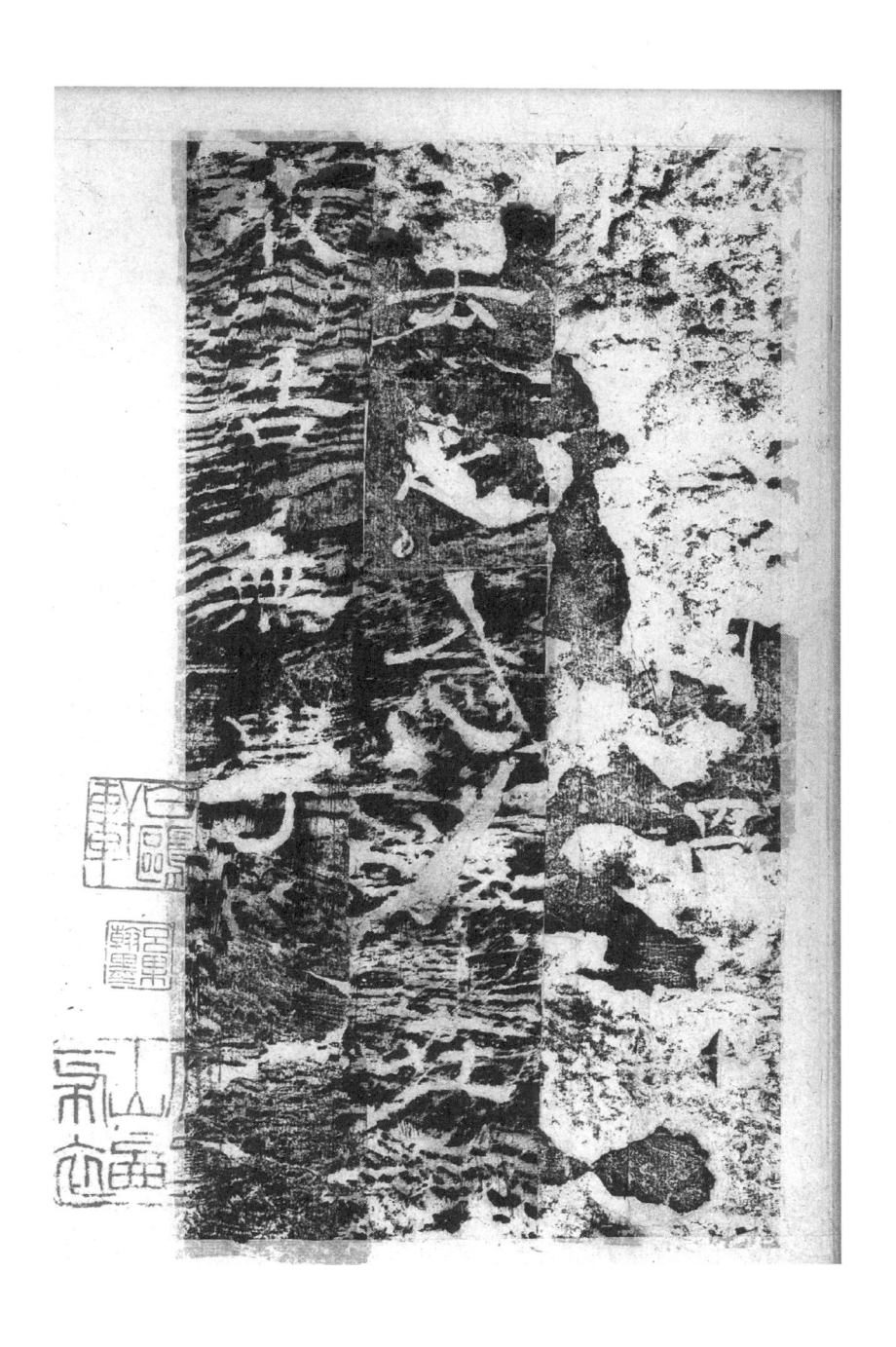

二、利川博物馆藏本

利川博物馆藏本是利川博物馆根据所藏拓本拍摄的照片。该拓本长 240 厘米，宽 132 厘米。2019 年 7 月，笔者赴度门寺实地考察，得悉度门寺藏有沙市魏墨卿题名本，遂生整理《大通禅师碑》之念。在资料搜集、整理过程中，又获悉利川博物馆收藏有一份《大通禅师碑》拓本，遂通过师友杨立新教授的帮助，获得此拓本照片，现附于后，便于核校。

利川博物馆藏《大通禅师碑》拓本全图

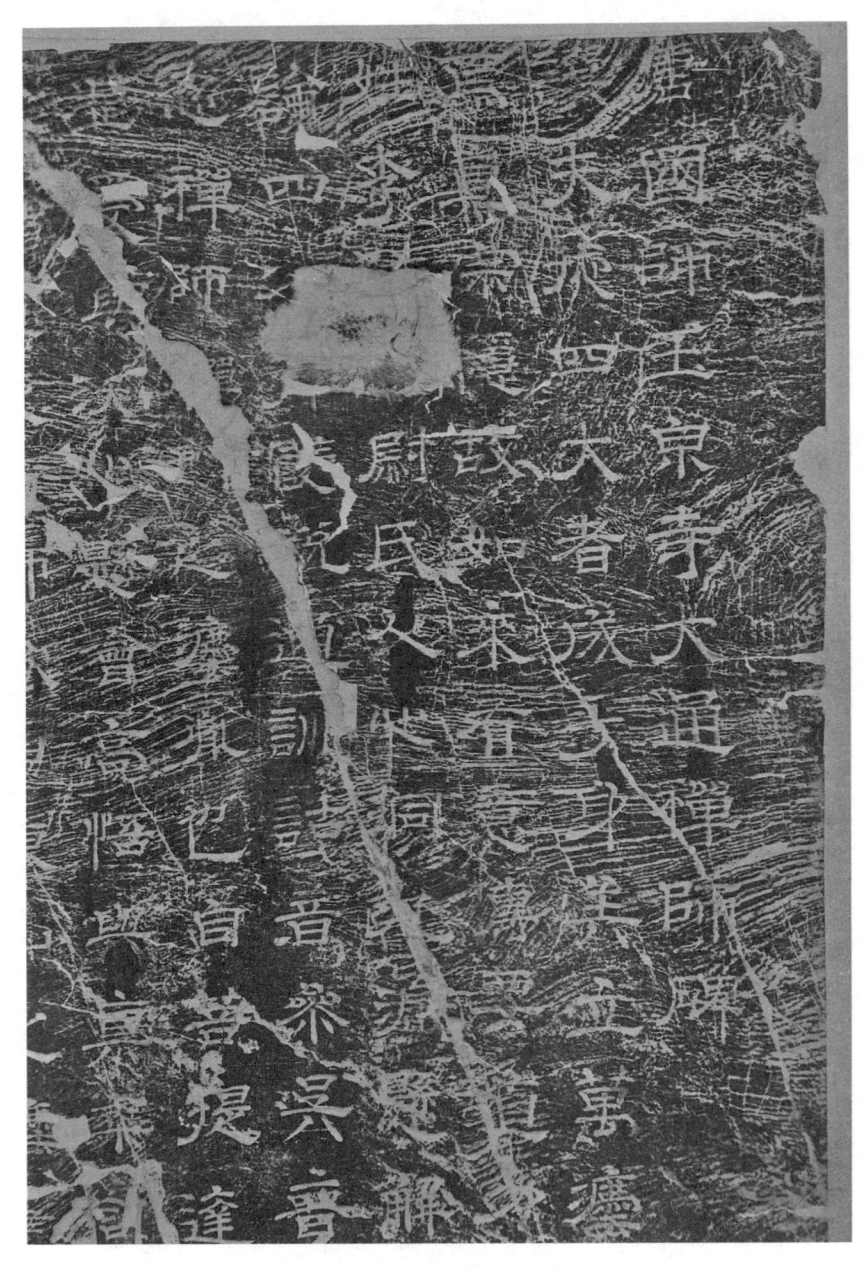

利川博物馆藏《大通禅师碑》拓本局部图

第二章
《大通禅师碑》内容诠释

1300余言的《大通禅师碑》①,不仅介绍了神秀禅师的相关信息,也将碑铭的撰者、碑文的书丹者以及禅宗,尤其是北宗禅的相关信息呈现于众。透过这些信息,我们可以隐约感知到神秀禅师习禅授道的情形和北宗禅在当时发展的大致图景。

第一节 《大通禅师碑》基本架构

综合度门寺本、利川本以及伍刻本、常盘本、李写本、彭跋本、朱刻本、四库本、《文苑英华》本、《全唐文》本、任校本、熊校本等诸本信息,《大通禅师碑》基本架构如下。

一、碑额

在度门寺所藏拓本、常盘大定所收照片中,有"大通禅师之碑"六字楷书碑额。度门寺所藏拓本是剪贴本,对于碑额情况并无详细记载,仅有"大通禅师之碑"题名,而常盘大定《中国文化史迹》中所收则是照片②,可以较好地了解该碑额的情形。

---

① 关于《大通禅师碑》的基本形态,《八琼室金石补正》有相应记录:"(碑)高七尺八寸,广四尺五寸,二十八行,行五十二字,字径一寸二分,分书,在当阳。"参见[清]陆增祥:《八琼室金石补正》卷五十,《石刻史料新编》第1辑第7册,台北新文丰出版公司,1982年,第4800页。

② 〔日〕常盘大定、关野贞:《中国文化史迹》第10辑(图版),东京法藏馆,1940年,第22页。

大通禅师之碑(常盘大定《中国文化史迹》收)

虽然常盘氏论著所收照片并非《大通禅师碑》之全景,但碑额赫然在目,"大通禅师之碑"六字清晰可见。相较于伍刻本、李写本、彭跋本、四库本等诸本,常盘本所收这一照片可以很好地呈现该碑额的情况。①

二、碑题

关于《大通禅师碑》的碑题,现存诸本之间并非完全一致。现依前文所据底本和校本,对之进行梳理,具体如下表所示:

表1　诸本《大通禅师碑》之碑题信息简表

序号	所在文本名称	所在碑题名称
1	伍刻本	唐玉泉寺大通禅师碑
2	四库本	唐玉泉寺大通禅师碑
3	聚珍本	唐玉泉寺大通禅师碑
4	李写本	唐玉泉寺大通禅师碑铭并序
5	《全唐文》本	唐玉泉寺大通禅师碑铭并序
6	任校本	荆州玉泉寺大通禅师碑铭并序
7	《文苑英华》本	荆州玉泉寺大通禅师碑
8	度门寺本	(唐)国师玉泉寺大通禅师碑
9	利川本	唐国师玉泉寺大通禅师碑
10	彭跋本	唐国师玉泉寺大通禅师碑
11	朱刻本	唐国师玉泉寺大通禅师碑
12	常盘本	唐国师玉泉寺大通禅师碑

---

① 关于《大通禅师碑》,今人姜子夫曾有相应论述:"大通禅师碑为唐代石碑,原立于度门寺大雄宝殿次间。碑额楷书六字:'大通禅师之碑。'下署撰文及书丹者的姓名、职务:中书令燕国公范阳张说撰文、黄门侍郎范阳卢藏用书。碑文的书法是隶体的八分书,全文共1319字,清代尚存807字。""《大通禅师碑》是湖北境内第一大唐碑。"参见姜子夫编著:《朝圣三峡玉泉寺——财富文明的神圣寺院》,中国藏学出版社,2004年,第87页。

简要梳理上表可以看出，关于《大通禅师碑》的12份文本，其碑题主要可以分为4类，即：(1)伍刻本、四库本、聚珍本；(2)李写本、《全唐文》本；(3)任校本、《文苑英华》本；(4)度门寺本、利川本、彭跋本、朱刻本、常盘本。相较于(1)中三个碑题，(2)中的碑题多了"并序"字样，并将"碑"改成"碑铭"，这样信息更加丰富，表述也更加严谨。(3)中碑题相对(1)(2)而言，则多了"荆州"。将"荆州"置于碑题之首，则突出了神秀禅师修行与归属之地。概览文本所载，涉及神秀禅师者，多以"玉泉神秀"称之，这凸显了神秀禅师与荆州玉泉(寺)的特殊关系。相较于(1)(2)(3)中碑题，(4)中碑题多了"国师"两字，很显然，这既是对神秀禅师的敬称，也是对碑文所述神秀禅师被尊为"两京法主，三帝国师"的高度认同。

三、撰者

这里的撰者实际上包括两方面，即碑文的撰文者张说以及碑文的书丹者卢藏用。关于张说和卢藏用，前文已有论及，这里对二者再进行简要介绍。

1. 张说

《大通禅师碑》碑文撰者张说，既是一位文学家，也是一位政治家。由其来撰碑文，暗示了神秀禅师在当时学界以及执政者中的影响力，这从碑文内容中可以管窥一二。

关于张说，文献多有记载，根据《张说集校注》所述，张说(667—731，一说 667—730)，字道济或说之，祖籍范阳，祖上世居河

东。① 学者邹元初编著的《中国宰相》一书对张说的记载更为详尽,现摘录如下:

> 张说,字道济,又字说之。其先范阳(今北京大兴区)人,后迁居洛阳。年20,应诏举,所对第一,授太子校书郎。继迁左补阙(谏官,属门下省)、右史、凤阁舍人。
>
> ………………
>
> 神龙元年(公元705年)正月,易之兄弟被诛,召为兵部侍郎,兼弘文馆学士。景云元年(公元710年)六月,睿宗李旦即位,迁中书侍郎。
>
> ………………
>
> 先天元年(公元712年)八月,太子即位,是为玄宗。太平公主(武则天之女)谋为乱,广引党羽,而以说不附己,罢为东都留守。及说知情况危急,即自东都遣人以佩刀献玄宗,意欲请即决策,以除太平公主之党。及太平公主之乱平,召为中书令,封燕国公。
>
> 说素与兵部尚书、同中书门下三品姚崇不和。及崇兼中书令,说惧,乃潜至岐王李隆范(睿宗第四子)处申诉。时玄宗禁诸王与人来往。一日,姚崇上朝,行动不便,玄宗问:"有足疾乎?"对曰:"臣有腹心之疾。"玄宗问其故。崇曰:"岐王陛下爱弟,张说为辅臣,而密乘车入王家,恐为所误,故忧之。"说遂贬为相州刺史。
>
> ………………
>
> 十一年(公元723年)正月,兼中书令。倡封禅(帝王祭天地典礼,在泰山上筑坛祭天,报天之功,谓之封;在泰山下辟场祭地,报地之功,谓之禅)之议,以讨好玄宗。及至泰山,说多引尚书省、中书省官吏及亲信登山,余者多不得上。加之平时又盛气凌人,百官

---

① 熊飞校注:《张说集校注》第1册,中华书局,2013年,第1页。

奏事有不合其意者,好当面斥责,至于叱骂。由是颇为内外所怨。

…… ……

十四年(公元726年)四月,御史中丞宇文融等劾"说引术士占星,徇私僭移,受纳贿赂"。玄宗令拘之,并发兵围其家。事后,玄宗使中官高力士前往视之。力士还奏:"说坐于草上,于瓦器中食,蓬首垢面。"并言说于国有功。玄宗怜之,仅罢中书令之职,在集贤院专修国史,然每有军国大事,仍征求其意见。融等恐其复用,数奏毁之。十五年(公元727年)正月,被免右丞相之职,令在家修史。十七年(公元729年)二月,复为尚书左丞相。

次年十二月,死。年64。太常议谥曰"文贞"。有人表示反对,以为不称,因而不决。玄宗自制碑文,亲笔赐谥曰"文贞"。

说有才华,临危不惧。及太平公主用事,储位颇危,说独排其党,请太子监国,深谋密划,竟清内难,为玄宗继位扫清了障碍。前后三秉大政,起用后进,引文儒之士,善用人之长。掌文学之任,凡30年,为文俊丽,用意精密,朝廷大手笔,皆出于其手,天下士人,争相传抄。尤擅长于碑文墓志,当代无有及者。但好贿,又恃才高傲,以及倡禅之举,皆为其过。①

以上是从邹元初编著《中国宰相》一书中摘录的张说相关事迹,从中可以看出,张说生活的年代恰是北宗禅兴盛之初,而张说在朝为官之时,也恰是神秀被诏请入京供养之际。编著者在结尾的评论颇为有趣,其功显赫,其过昭然。但作为"掌文学之任,凡30年,为文俊丽",时为中书侍郎、燕国公的张说,其为神秀禅师撰写碑文,足见因缘殊胜。

2. 卢藏用

如果说张说善文,那么卢藏用则善书。关于卢藏用,唐文中多有记

---

① 邹元初编著:《中国宰相》,华文出版社,2007年,第171—173页。

载。现根据《旧唐书》《新唐书》等史料,对之进行简要介绍。

卢藏用,字子潜,幽州范阳人。父璥,魏州长史,号才吏。藏用能属文,举进士,不得调。与兄徵明偕隐终南、少室二山,学练气,为辟谷,登衡、庐,彷徉岷、峨。与陈子昂、赵贞固友善。

藏用善蓍龟九宫术,工草隶、大小篆、八分,善琴、弈,思精远,士贵其多能。①

从《新唐书》对卢藏用的介绍来看,其"工草隶、大小篆、八分","八分"即"八分书",是隶书的一种,也正是卢藏用为《大通禅师碑》书丹之体。相较于《新唐书》,《旧唐书》对卢藏用的记述更加详尽。

卢藏用,字子潜,度支尚书承庆之侄孙也。父璥,有名于时,官至魏州司马。藏用少以辞学著称。初举进士选,不调,乃著《芳草赋》以见意。寻隐居终南山,学辟谷、练气之术。

长安中,征拜左拾遗。

神龙中,累转起居舍人,兼知制诰,俄迁中书舍人。藏用常以俗多拘忌,有乖至理,乃著《析滞论》,以畅其事。②

神秀禅师圆寂于神龙年间(705—707),也是卢藏用迁中书舍人之时。这时的卢藏用,无论是从其历练、才华还是从其官职方面看,都处在他人生中的重要时段。卢藏用的书法,除了《大通禅师碑》以外,还有诸多作品,现择其一二以示之。

---

① [宋]欧阳修、宋祁:《新唐书》第 14 册(卷一百二十三),中华书局,1995 年,第 4374—4375 页。
② [后晋]刘昫等:《旧唐书》第 9 册(卷九十四),中华书局,1975 年,第 3001—3002 页。

《甘元柬墓志》局部

上图是学者张同印所编《历代书迹集萃·隶书》中收录卢藏用书丹的《甘元柬墓志》局部内容。① 此外,卢藏用的《汉忠烈纪公碑》②也是其代表作之一。

《汉忠烈纪公碑》碑首

---

① 张同印编著:《历代书迹集萃·隶书》,湖南美术出版社,2008年,第208页。
② 《汉忠烈纪公碑》碑首、碑身图版均可参考孔夫子旧书网之"微古籍"(http://www.kongfz.cn/33059745/pic)。本书所示《汉忠烈纪公碑》碑首及碑身局部均参考自张振明所编《汉忠烈纪公碑》,广陵书社,2008年。特此感谢。

除了碑首,孔夫子旧书网之"微古籍"中还载有该碑碑身的拓本,张振明所编《汉忠烈纪公碑》也收有该拓本,现择取一块局部拓本以示之。

《汉忠烈纪公碑》碑身局部

四、碑文

《大通禅师碑》全文虽然仅有 1319 言,但其所述内容较为丰富,主要论述了神秀禅师的生平、禅法等相关信息,现整理如下:

表 2 《大通禅师碑》碑文主要内容表

段落	论题	所述主要内容
第一部分	总论神秀禅师是佛教弘法传道之人	四大与身;万法与心;观心若幻而近真如;言说出而真宗隐;如来历万劫遥付法印,大通持至德顿受佛身。

(续表)

段落	论题	所述主要内容
第二部分	简述秀禅师的生平、学养及师承	秀禅师俗姓李,陈留尉氏人;洞悉烦恼,了悟佛法;高大英俊,气度非凡;学养深厚,融通儒释;逮知天命之年,赴蕲州诣忍禅师,终成禅门之师。
第三部分	简述禅宗传承谱系与五祖弘忍付法因缘	达摩杖锡来华,传法惠可,惠可传僧璨,僧璨传道信,道信传弘忍,相承五光;秀禅师不远退阻,前往五祖弘忍处谒诣;秀禅师高悟真乘,湛见本心;秀禅师在五祖弘忍处服勤六年,勇猛精进;弘忍禅师赞叹"东山之法,尽在秀矣"(神秀禅师的传承);秀禅师退藏于密,并于676—679年间在玉泉寺驻锡。
第四部分	简述神秀禅师与度门寺的因缘及其传法授道、禅法思想	玉泉寺东七里,楞伽孤峰,度门兰若,是秀禅师决定终老之所;秀禅师开坛讲法,学者如云,可谓"升堂七十,味道三千";秀禅师的禅法是"专念息想""极力摄心"与"特奉《楞伽》""递为心要"。
第五部分	简述秀禅师应诏入内供养及其所受礼遇	久视年间(700—701),秀禅师应诏入京,趺坐觐君,肩舆上殿,可谓"传圣道者不北面,有盛德者无臣礼";被推为"两京法主,三帝国师";与"帝王分座,后妃临席",安住而无畏,应变而无方。
第六部分	简述神秀禅师沐浴圣恩,无疾而终	朝恩代积,置昔日驻锡寺院为度门寺,于尉氏先人之宅置报恩寺;秀禅师常怀虚壑,累请还山;神龙二年(706),趺坐化灭,百余而终,僧腊八十。
第七部分	记述禅师化灭,帝王册谥,群臣感怀	得悉秀禅师化灭,诏使吊哀,侯王归赗;中宗册谥"大通"禅师;王公大臣哀送至午桥、伊水;太常卿鼓吹导引,城门郎护监丧葬,中宗出龙门哀送;国钱严饰,赐逾百万,还有先帝所铸巨钟、后皇所赐群经。
第八部分	禅师化灭,僧界超度	百日卒哭,龙华寺、西明道场均设斋会为神秀禅师超度;神僧万回乞施,后宫赠施,巡香寄哀。
第九部分	禅师坐化,撰者感伤	可谓"痛慈舟之遽失,恨踊塔之迟开";张说以子贡论夫子而赞誉神秀禅师。

五、铭文

如果说前文内容多是张说应邀为秀禅师圆寂而作的"应景"之作，那么，这128言铭文则是这位燕国公的"肺腑"之言。这里的"肺腑"不仅出自张说的内心，也是对神秀禅师一生修道、传法、禅思的概括和呈现。

1. 心镜外尘，匪磨莫照

镜尘之喻，磨照之论，这是后来以神会为代表的南宗禅一系批判以神秀为代表的北宗禅的核心语词，也是北宗禅受诟病之处。正如《坛经》中那首著名的传法偈所言："身是菩提树，心如明镜台；时时勤拂拭，勿使惹尘埃。"① 就此而言，张说是深契神秀禅法精髓的，而北宗禅的批判者——神会及其后继者亦然。

2. 不入度门，孰探法要

度门，无论是作为神秀曾经驻锡之所抑或是作为神秀圆寂之后中宗赐名之寺，都是神秀禅师"终焉之地"。将"入度门"与"探法要"相提并论，足见张说对神秀禅法的认同、肯定和推崇。度门兰若与玉泉道场成为北宗禅传承的重镇，也是北宗禅的祖庭。如今，虽然神秀禅师早已坐化千余年，而度门兰若在历经沧桑后重焕生机。两京法主已故，北宗精进依然。

3. 尽不离定，空非灭觉

定慧兼修是禅宗修行的基本法门，注重定的修行，是北宗禅的主要

---

① ［元］宗宝编：《六祖大师法宝坛经》卷一，《大正藏》第48册，第348页中。

特色,这从敦煌写卷所涉《观心论》《修心要论》以及"北宗五方便系列"等文本中便可管窥一二。

第二节 《大通禅师碑》关键词语

《大通禅师碑》,无论是作为一般的碑铭,还是作为对禅者的追忆之作,都展示了重要信息,而这些信息又"凝结"在一些核心语词中。下面,笔者对碑文中相关语词进行分类解读,以期对之进行诠释和说明。

一、时间类词语

时间类词语,看似如流水的记录,却隐藏着重要信息,时间的一维性与不可逆性成为"史"的重要元素,如关涉神秀禅师活动时间、禅宗发展的时期、重要历史事件的发生等论题。下面,笔者对碑文内容所涉关键时间进行论述。

1. 逮知天命之年

《论语》有言,"五十而知天命"。这虽然只是泛指,但在此碑文中,却有重要意义:一方面,说明了神秀拜诣五祖弘忍禅师的大致时间;另一方面,也为解开神秀禅师扑朔迷离的生平经历提供了一个重要线索。同时,由于碑文对神秀禅师的记述相对早于其他相关史料,且出自与神秀禅师关系密切的张说之言,无论是从作为燕国公的张说本人的严谨,还是作为友人的张说与神秀禅师的亲密交谊而对神秀禅师的熟悉来看,碑文所记时间都相对较为可信。

2. 服勤六年

根据张说在碑文中所记,神秀在五祖弘忍禅师处"服勤六年","不舍昼夜"。这六年具体从何开始,未必能精确推算出来,但从后文神秀"涕辞而去",并于"仪凤中""始隶玉泉"可知神秀禅师离开五祖弘忍(东山)的时间之下限。而关于神秀参见弘忍禅师的具体时间,《传法宝纪》有相应记载:"至年卌六,往东山归忍禅师。一见重之,开指累年。道入真境,自所证,莫有知者。后随迁适,潜为白衣,或在荆州天居寺十所年,时人不能测。"①

如果《传法宝纪》所记时间精准,那么,神秀禅师参诣五祖弘忍的时间当在 651 年前后。如果说神秀禅师是在 46 岁(651 年左右)参见弘忍禅师,并在弘忍处"服勤六年",那么,其离开东山的时间当在 657 年左右,这与《坛经》所述神秀与慧能在弘忍处各出一得法偈是有出入的,至少时间上不太支持。因为根据慧能弟子法海所集《六祖大师缘记外记》所载,五祖弘忍禅师为觅法嗣,乃命门人各呈一偈,此事发生在龙朔元年,即公元 661 年。原文如下:

> 大师名惠能②,父卢氏,讳行瑶,唐武德三年九月,左官新州。母李氏,先梦庭前白华竞发,白鹤双飞,异香满室,觉而有娠。遂洁诚斋戒,怀妊六年,师乃生焉,唐贞观十二年戊戌岁二月八日子时也。时毫光腾空,香气芬馥。黎明有二僧造谒,谓师之父曰:"夜来生儿,专为安名,可上惠下能也。"父曰:"何名惠能?"僧曰:"惠者,以法惠济众生;能者,能作佛事。"言毕而出,不知所之。师不饮母乳,遇夜神人,灌以甘露。三岁父丧,葬于宅畔。母守志鞠养,既长

---

① 韩传强:《禅宗北宗敦煌文献录校与研究》,江苏人民出版社,2018 年,第 48 页。
② 惠能(638—713),亦作"慧能"。本书除直接援引相关引文外,均作"慧能"(下同,不再另注)。

鬻薪供母。年二十有四，闻经有省，往黄梅参礼。五祖器之，付衣法，令嗣祖位。时，龙朔元年辛酉岁也。①

如果《传法宝纪》所记为实，那么，《六祖大师缘记外记》则很可能有误，毕竟，从时间上来说，《传法宝纪》的作者杜朏生活的年代更接近神秀禅师生活的年代，而《六祖大师缘记外记》的出现则是元代之时了。

慧能禅师到五祖弘忍处参禅问道，其时间有多个版本，目前最早版本是 661 年②，也就如《六祖大师缘记外记》所记。如果按照《传法宝纪》所载，神秀与慧能这两人可能都没有见过面，因此，西方学者马克瑞教授认为，神秀和慧能根本就没有在弘忍处一起学习过。③

3. 仪凤中

"仪凤"，是唐高宗李治的第 9 个年号，前后 4 年，即 676—679 年。《大通禅师碑》《传法宝纪》及其他文本都提到神秀于仪凤年间在湖北当阳"名在僧录""始隶玉泉"事宜。

> 仪凤中，荆楚大德数十人，共举度住当阳玉泉寺。及忍禅师临迁化，又曰先有付嘱，然十余年间，尚未传法。自如禅师灭后，学徒不远万里，归我法坛，遂开善诱，随机弘济，天下志学，莫不望会。(《传法宝纪》)④

可见，《大通禅师碑》所记神秀禅师于"仪凤"中"始隶玉泉，名在僧录"

---

① ［元］宗宝编：《六祖大师法宝坛经》卷一，《大正藏》第 48 册，第 326 页中—下。
② 关于此问题的讨论，可参见佛尔著，蒋海怒译：《正统性的意欲——北宗禅之批判系谱》，上海古籍出版社，2010 年，第 5—6 页。
③ John R. McRae, *The Northern School and the Formation of Early Ch'an Buddhism*, Honolulu: University of Hawaii Press, 1986, p. 285.
④ 韩传强：《禅宗北宗敦煌文献录校与研究》，江苏人民出版社，2018 年，第 48 页。

与《传法宝纪》所载"仪凤中,荆楚大德数十人,共举度住当阳玉泉寺"是基本吻合的。由此可言,仪凤中,神秀禅师确在当阳玉泉寺为僧。

4. 久视年中

"久视"即700至701年,为武则天(624—705)在位(690—705)使用的第11个年号,虽然前后所跨两年,但实际上历时却不足一载。

神秀禅师应诏入内供养,是在久视年间,即武则天在位之时。关于武则天诏请神秀事宜,各种史料对其记载较多,现择选一二以示之。

> 久视中,则天发中使,奉应洛阳。(《传法宝纪》)①

> 至久视年,使荆州王(当为"玉"字之误写)泉寺请秀禅师,安州寿山寺请玄赜禅师,随州大云寺请玄约禅师,洛州嵩山会善寺请老安禅师,则天内道场供养。(《历代法宝记》)②

> (神秀)后居荆州玉泉寺,大足元年,召入东都,随驾往来两京教授,躬为帝师。(《楞伽师资记》)③

久视二年(701)改元大足,大足元年亦为701年。相较于《传法宝纪》《历代法宝记》,《楞伽师资记》所述相对更为精确,即神秀禅师应诏入内传法布道是在701年,而这一年也是武则天所用"久视"与"大足"的"重叠"之年。因此,与其说是久视中,不如说是大足元年。

5. 神龙二年

"神龙二年"即公元706年。"神龙年间"即705—707年,"神龙"是

---

① 韩传强:《禅宗北宗敦煌文献录校与研究》,江苏人民出版社,2018年,第48页。
② 蓝吉富主编:《禅宗全书》第1册,北京图书馆出版社,2004年,第68—69页。
③ 韩传强:《禅宗北宗敦煌文献录校与研究》,江苏人民出版社,2018年,第332页。

唐中宗复位后所使用的年号。神龙年间,虽然时间不长,却是个多事之秋。705 年的"神龙革命"①、706 年的神秀禅师圆寂,在当时朝野都产生了极大震荡。

6. 武德八年

武德八年即公元 625 年。"武德"是唐朝第一位皇帝唐高祖李渊的年号,前后历经 9 年,即公元 618—626 年。

据《大通禅师碑》所载,神秀"禅师武德八年乙酉受具于天宫"②,而《传法宝纪》则言,神秀禅师于"廿受具戒"③。也即神秀禅师于 625 年为 20 岁,由此推知,神秀禅师生于公元 606 年。《大通禅师碑》及《传法宝纪》等文献都载,神秀坐化于神龙二年,即 706 年。据此而言,神秀禅师生于 606 年,卒于 706 年,世寿 101。关于神秀的年龄,《大通禅师碑》有言:"(神秀禅师)生于隋末,百有余年,未尝自言,故人莫审其数也。"实际上,从《传法宝纪》与《大通禅师碑》中,我们已经可以推知神秀禅师的生卒年,这也是后出文献计算神秀生卒年的主要依据。

7. 三月二日

这里的"三月二日",当是承接上文的"神龙二年",也即 706 年。神秀禅师圆寂于"神龙二年二月二十八日夜",时隔几日,也即"三月二日",刚复唐朝年号不久的中宗李显为神秀禅师册谥"大通"。神秀禅师自武则天召请入内供养,至中宗册谥"大通",前后历经近五个春秋,布道于两京,受尊于三帝(武则天、唐中宗、唐睿宗)。

---

① 神龙元年(705)正月,武则天病重,武则天宠臣张易之、张昌宗被守唐宰相张柬之、羽林大将军李多祚等诛杀,武则天被迫退位于李显,史称"神龙革命"。李显复唐之号,立韦氏为后,是为唐中宗。关于此问题的详细讨论,可参见李翰文编:《话说唐朝帝王》,黄山书社,2007 年,第 173 页。

② [唐]张说:《唐玉泉寺大通禅师碑铭并序》,[清]董诰等编:《全唐文》第 2 册,上海古籍出版社,1990 年,第 1030—1031 页。

③ 韩传强:《禅宗北宗敦煌文献录校与研究》,江苏人民出版社,2018 年,第 48 页。

二、地点类词语

区域也即人物活动的场域，具有空间意义。虽然区域只是地点的代名词，但一旦区域成为固定之所，其意义便超越了地点。如度门寺、玉泉寺、龙华寺、西明寺这些道场，因为承载了神秀禅师的足迹，从而对秀禅师乃至北宗禅以及佛教整体发展有了特殊的意义。

1. 陈留尉氏

陈留尉氏，即今河南开封尉氏县，为神秀禅师祖籍之所。

2. 江表

江表，古代地区的称谓，泛指长江以南地区。中原人以其地在"长江之外"，故称江南之地为"江表"。①

3. 天竺

天竺，指印度。古代印度分为五部分，即五天竺，分别为东天竺、西天竺、南天竺、北天竺及中天竺。通常以五天竺代指全印度，故玄奘法师被尊为"名震五竺"。② 而净觉在所作的《注〈心经〉》序言中则言："（求那跋陀罗）以《楞伽》传灯，起自南天竺国，名曰'南宗'。"③ 这里就使用了"南天竺"一词。

---

① 施宣圆等主编：《中国文化辞典》，上海社会科学院出版社，1987年，第336页。
② 中国历史大辞典历史地理卷编纂委员会编：《中国历史大辞典·历史地理》，上海辞书出版社，1996年，第249页。
③ 韩传强：《禅宗北宗敦煌文献录校与研究》，江苏人民出版社，2018年，第339页。

4. 玉泉

玉泉，这里当指玉泉寺。根据《玉泉寺志》所载，玉泉寺坐落在湖北省当阳县城西 15 公里的玉泉山东麓，玉泉山因山间有珍珠玉泉而得名，玉泉寺则因山得名。① 玉泉山寺，山中有寺，依山建寺，这种幽静雅致的地方，既吸引了无数文人墨客驻足，也是僧人布道修行的圣地。这里既滋养了中国佛教的诸多宗派，也涵养了"关公文化"②与"公安学派"③。正如释大䜣所言："自天台至慕容，逾四百载，中更为教、为律、为禅，无定居。"④

明代无迹禅师所作《玉泉理废文》，实际上是对玉泉寺发展（至明代）历程的一次简要而又系统的梳理。该文指出，自隋智者大师倡导以来，荆门玉泉寺便与兖州之灵岩、润州之栖霞、天台之国清并称为天下四绝名山。到了唐代，则有神秀禅师，被尊为"两京法主，三帝国师"。宋代则有慕容禅师，元代则有钟山禅师，他们均曾驻锡、住持玉泉寺。到了明代，玉泉寺略为废落，至明成化年间（1465—1487），则有广鏼禅

---

① ［清］李元才续修，释亮山补辑：《玉泉寺志·序》，白化文主编：《中国佛寺志丛刊》第 14 册，广陵书社，2011 年，第 1 页。

② 据袁中道所作《玉泉佛殿记》载，智者大师曾在玉泉寺开示关公，并为关公授戒，所谓"关公即受五戒，膜拜皈依，称为弟子"。参见［清］李元才续修，释亮山补辑：《玉泉寺志》上册，白化文主编：《中国佛寺志丛刊》第 14 册，广陵书社，2011 年，第 307 页。

③ 作为出生于湖北荆州公安县的"公安三袁"，他们"近水楼台先得月"，自然是玉泉寺的常客。纵览"公安三袁"的生命历程，他们在玉泉的时光都为数不少，其中以袁中道为最。实际上，不仅玉泉滋养了"公安学人"，而且玉泉也是"公安学人"创作的对象，其中，袁宗道主修了明代万历年间本《玉泉寺志》（［清］李元才续修，释亮山补辑：《玉泉寺志》上册，白化文主编：《中国佛寺志丛刊》第 14 册，广陵书社，2011 年，第 23 页），袁宏道协修了明代万历年间本《玉泉寺志》（［清］李元才续修，释亮山补辑：《玉泉寺志》上册，白化文主编：《中国佛寺志丛刊》第 14 册，广陵书社，2011 年，第 23 页），袁中道则创作了多篇与玉泉寺有关的诗文。不仅如此，在父亲、二哥病逝之后，玉泉寺成为袁中道的疗养身心之所。《游居柿录》有载："故乡人至，闻禅友宝方圆公示寂。……中郎去世，宝方哭之甚痛。至是以公安藏经残缺，补葺甚难，遂至秣陵请一南藏。凡半年，藏成遂归，不数月而卒。嗟乎，予之友朋兄弟，凋落已甚，今方外又失此友，寂寞可叹。"（［明］袁中道著，步问影校注：《游居柿录》，上海远东出版社，1996 年，第 265 页。）

④ ［元］释大䜣：《蒲室集》，《禅门逸书初编》第 6 册，明文书局，1981 年，第 75—76 页。

师驻锡,并复兴了玉泉寺。广鎮禅师之后,则有净玺、道泰、悟景、本义、真昂等诸师,恪守其职。至明嘉靖年间(1522—1566),则有广鎮之孙常镇禅师,住持寺院长达35载,"德播诸方,名飞朝野",甚有"钟山之遗韵"。常镇圆寂后,传其衣钵者有四位大德:"曰镜、曰林、曰恺、曰溥,旁出者曰惠金,盖五人也。"① 而今,玉泉寺依然法缘殊胜,为荆楚重要之丛林。

5. 楞伽孤峰

楞伽,山名,在狮子国,因佛陀曾在此山说法布道,故有《楞伽阿跋多罗宝经》之名。② 这里以"楞伽"代指说法传道之山。根据孙君恒《荆楚佛寺道观》所载,此"楞伽孤峰"在度门寺后山山岗。③ 日本学者常盘大定的《中国文化史迹》中收有楞伽峰照片④。

无迹塔与楞伽峰(常盘大定《中国文化史迹》收)

---

① [清]李元才续修,释亮山补辑:《玉泉寺志》上册,白化文主编:《中国佛寺志丛刊》第14册,广陵书社,2011年,第335—339页。
② 熊飞校注:《张说集校注》第3册,中华书局,2013年,第968页。
③ 孙君恒编著:《荆楚佛寺道观》,《荆楚文化丛书·胜迹系列》,武汉出版社,2012年,第71页。
④ 〔日〕常盘大定、关野贞:《中国文化史迹》第10辑(图版),东京法藏馆,1940年,第21页。

6. 度门兰若

度门兰若，这里指度门寺。关于度门寺，《玉泉寺志》《大通禅师碑》均有论及。2019年7月，笔者有缘前往度门兰若考察，赞叹圣境之幽，感怀流变之速。此外，度门寺微信公众号①及学者孙君恒②对之有详细介绍，兹摘录如下：

> 古度门寺，坐落于湖北省当阳市王店镇度门寺村境内楞伽峰上，山峰曲折，屏嶂环列，泉水周匝，旧为唐代高僧"神秀大师"说法栖息之地，亦称"北宗初地"。
>
> …… ……
>
> 度门之名是以《楞伽经》中"无量度门，随类普现"一语而称……唐仪凤年间改庵为寺。后神秀圆寂归葬度门，唐睿宗赐三十万钱，作为扩建营造之资，一时之间，成为北宗系统之根本道场。
>
> 古山门建在高坡上，面宽五间，山门上方高悬"古度门寺"四个大字。顶部为品字形，三檐错落，覆盖小青瓦，檐下砖雕斗拱，墙面有墨绘云纹图案。
>
> …… ……
>
> 咸亨五年，五祖弘忍大师入灭，神秀独往荆州，至当阳玉泉山东七里时，环视山野，曰："此正楞伽孤峰，度门兰若，荫松藉草，吾将老焉！"随止住度门，大开法门达二十年之久，普寂、义

---

① 该公众号名称为"当阳度门寺"，所引内容发表于该公众号2020年3月2日，由度门寺常住常慈法师推送《度门简介》一文（援引时有删改）。该公众号文章由度门寺常住常慈法师以及宏塔法师提供，特此感谢。

② 孙君恒编著：《荆楚佛寺道观》，《荆楚文化丛书·胜迹系列》，武汉出版社，2012年，第71页。学者孙君恒对度门寺的介绍与度门寺公众号推文所述内容大致相当，于此不再重复摘录。

福、志诚等大师纷纷前往度门寺投奔神秀门下,四海倾仰,盛况空前。

……………

清代禅门不兴,加清末之后连年战乱,"度门寺"年久失修,许多房屋变得残破不堪,已没有往昔的宏伟庄重。时正逢净慧上人驻锡玉泉,在寻访度门寺时,见荒寞空山,废基残垣,发愿重兴祖庭,以报祖恩。

又逢香港旭日集团杨氏兄弟、当阳市政府以及相关部门的关心支持及诸位善信护持,当阳度门寺修复建设全面推行,2005年冬破土动工,历时两年得以完成。今度门寺占地近三十亩,建有山门、天王殿、大雄殿、国师阁、传灯楼、聚贤堂、学戒堂、禅堂、客堂、五观堂等。

由此可以看出度门寺发展、兴废、修缮以及重建的历程。千载之后,度门再兴,因缘殊胜。

古度门寺山门(常盘大定《中国文化史迹》收)

度门寺山门（度门寺常住、度门寺图书馆副馆长常慈法师摄）

7. 当阳初会

当阳，指湖北当阳。当阳初会，神秀自五祖弘忍处学习而归后，便驻锡于当阳玉泉寺、度门寺数十载，习禅论道、开坛讲法。

8. 报恩

报恩，这里指报恩寺。根据《大通禅师碑》所述，此寺当为尉氏先人舍宅置寺。

9. 天宫

天宫，这里指洛阳天宫寺，是神秀禅师受具戒之地，也是秀禅师终焉之所①。受具戒于此，这是慧命的开始；迁化于此，这是世寿的终止。

或许这就是因缘和合，法缘殊胜。所以张说在《大通禅师碑》中叹

---

① 《传法宝纪》载，神秀禅师于"神龙二年二月二十八日，端坐怡然，迁化于洛阳天宫寺，归于玉泉建塔焉"。参见韩传强：《禅宗北宗敦煌文献录校与研究》，江苏人民出版社，2018年，第49页。

言:"禅师武德八年乙酉受具于天宫,至是年丙午复终于此寺,盖僧腊八十矣。"一个简单"复"字,寄寓多少情怀;一句"僧腊八十",敬慕至上慧命。

10. 午桥

午桥,初当为地点,这里或为虚指,与下文伊水相应。据《全宋词典故辞典》所示:"唐宪宗朝,宰相裴度以本官判东都尚书省事,充东都留守。于今洛阳市南之午桥置别墅,即午桥庄,庄中建台馆,名绿野堂。庄园会萃花木台榭之胜,裴氏常于此接待诗人名士。此庄于北宋初为左仆射张齐贤所得。宋词中常用午桥或绿野来指代贵族园林,借以表现雅游、闲适情趣。"①

11. 伊水

伊水,当指伊河,为洛河的支流,位于河南省西部。根据《中国都城辞典》所示:"源出栾川县伏牛山北麓,东北流至偃师县,南注入洛水。长268公里。"②

12. 龙门

龙门,泛指声望卓越者的府第,这里当指城门,意为天子(唐中宗)目送神秀禅师遗体出城之地。

13. 旧居后岗

旧居后岗,这里当指度门寺后山楞伽峰,也是神秀禅师曾经所言的"终焉之地"。

---

① 范之麟主编:《全宋词典故辞典》上册,湖北辞书出版社,2001年,第415页。
② 陈桥驿主编:《中国都城辞典》,江西教育出版社,1999年,第182页。

14. 东洛

东洛,这里指东都洛阳。汉唐以降,多以洛阳为东都,唐朝尤盛。唐朝建立后,虽以长安为都城,却也将洛阳作为东都。武则天称帝后,便迁都洛阳。韩愈在《县斋有怀》中有言:"两府变荒凉,三年就休假。求官去东洛,犯雪过西华。"①

15. 南荆

南荆,地名,指荆州一带。《后汉书辞典》称:"初平元年(190),刘表任荆州刺史,据有今湖北、湖南等古荆州地区。后为荆州牧,于东汉末以荆州地割据南方,故称'刘表僭乱于南荆'。"②

16. 龙花寺

龙花寺,即龙华寺。国内以龙华寺为名的寺院较多,早在唐代就为数不少。这里的龙华寺,或为当时嵩洛一带的一座寺院,与下文长安西明寺相对应。根据《中国古代名物大典》所示,"洛阳龙华寺,坐落于河南洛阳城东之汉魏洛阳故城。北魏时建。今废"③。杨衒之在《洛阳伽蓝记》中有言:"龙华寺,宿卫羽林虎贲等所立也。在建春门外阳渠南。"④碑中所言龙华寺,或许就是此座寺院。

17. 西明道场

西明道场,即西明寺,是唐代长安的重要寺院,是文人达士乃至帝王、宰官常去之所。学者杜文玉在《寺院道观》一书中对之有较为详细

---

① [唐]韩愈著,严昌校点:《韩愈集》,岳麓书社,2000年,第24页。
② 张舜徽主编,崔曙庭、王瑞明副主编:《后汉书辞典》,山东教育出版社,1994年,第299页。
③ 华夫主编:《中国古代名物大典》下册,济南出版社,1993年,第777页。
④ 转引自华夫主编:《中国古代名物大典》下册,济南出版社,1993年,第777页。

的介绍,兹整理、摘录如下:

> 西明寺是唐代长安的皇家寺院之一,与大庄严寺、大慈恩寺、荐福寺等齐名。原址位于延康坊西南隅右街,即今天西安市白庙村一带。
>
> 此寺原是隋朝权臣杨素的宅院,唐朝时成为魏王李泰的宅第。李泰死后,其宅第被改为福寿寺。高宗显庆元年(656),高宗为庆祝太子李弘病愈而将其改名为"西明寺"。此寺仿照天竺祇园的风格而建,装潢精美,宏伟大气,有房屋4000余间,分为10院。而寺院中的碑文、壁画、题榜、书法等都是上乘的艺术珍品。寺院建成之时,唐高宗亲自参加了规模宏大的落成典礼,并豪赐寺院田地上百顷及大量房子、车、绢布等,还征集国内50位高僧大德前来寺院驻锡,使其盛极一时。后来,武则天、章怀太子等人也对此寺赏赐无数。①

龙华、西明,两京道场,皆为秀禅师祈福、超度,其规格之高、人数之多,足令僧俗叹为观止。

三、人物类词语

人物是事件的践行者。所有文明史的书写都散落于一个个具体人物身上。通过这种"具体人物"的事迹,我们可以拼接时光的碎片,管窥历史的流淌。达摩、惠可、僧璨、道信、弘忍、神秀等,他们串起了初期禅宗史的主线;张说、卢藏用、武则天、唐中宗等,他们影响了唐朝近半个

---

① 杜文玉主编:《寺庙道观》,西安出版社,2018年,第53—54页。

世纪的发展。当然,串起历史发展的,还有无数被埋没的人物,他们或流于野史,或行于传说,但都为历史的发展注入了血肉。

1. 达摩

高僧达摩,其被视为中土禅宗的初祖。达摩禅师的相关事迹,不同史料对之记述略有差异,现根据敦煌文献、藏经文献等传世文献对之进行简要梳理。

道宣在《续高僧传·达摩传》中有言:"菩提达摩,南天竺婆罗门种。神慧疏朗,闻皆晓悟,志存大乘,冥心虚寂,通微彻数,定学高之,悲此边隅,以法相导。初达宋境南越,末又北度至魏。随其所止,诲以禅教。"① 在该传结尾处,道宣还言:"自言年一百五十余岁,游化为务,不测于终。"②

净觉在《楞伽师资记·达摩传》中有言:"其达摩禅师,志阐大乘,泛海吴越,游洛至邺。沙门道育、惠可,奉事五年,方诲四行。谓可曰:'有《楞伽经》四卷,仁者依行,自然度脱。'"③

杜朏在《传法宝纪·达摩传》有言:"释菩提达摩,大婆罗门种,南天竺国王第三子。机神超悟,传大法宝,以觉圣智,广为人天,开佛知见。为我震旦国人故,航海而至嵩山。时罕有知者,唯道昱、惠可,宿心潜会,精竭求之,师事六年,志取通悟。"④

可见,以上拣选的资料对达摩禅师的介绍是基本一致的,只是内容侧重略有差异。需要注意的是,净觉《楞伽师资记·达摩传》中不仅论及四卷《楞伽经》,还将达摩禅师授惠可禅师以"方诲四行"概括之,并在《楞伽师资记·达摩传》中详细介绍了达摩禅师的《二入四

---

① [唐]道宣:《续高僧传》卷十六,《大正藏》第 50 册,第 551 页中—下。
② [唐]道宣:《续高僧传》卷十六,《大正藏》第 50 册,第 551 页下。
③ 韩传强:《禅宗北宗敦煌文献录校与研究》,江苏人民出版社,2018 年,第 295—296 页。
④ 韩传强:《禅宗北宗敦煌文献录校与研究》,江苏人民出版社,2018 年,第 44 页。

行论》,这是对达摩禅法的有效补充,也是研究达摩禅法的重要史料。

关于达摩禅师,另一个重要事件便是其来华时间问题。关于达摩来华时间,史料记载多样,学界观点不一,主要观点如下:(1)达摩刘宋时期来华说;(2)达摩梁代来华说。"达摩刘宋时期来华说"出自初唐道宣的《续高僧传》[①],而"达摩梁代来华说"[②]则出自晚唐智炬的《宝林传》及其以降的各种禅宗史,如《景德传灯录》《五灯会元》等。如果持"达摩梁代来华说",则与《祖堂集》中所载宝志和尚在梁武帝面前大赞达摩这一记述相矛盾[③]。查诸史料,综观学界观点,大家争论的根源在于《续高僧传》与《宝林传》所记达摩来华时间的差异,徐文明教授的相关考述则有助于厘清达摩来华时间。徐文明教授认为,达摩在刘宋时期来华是确定无疑的,之所以产生达摩刘宋来华与梁代来华的差异,关键在于《宝林传》所载的"丁未岁","此丁未岁并非当时的丁未岁,而是前一个丁未岁,即宋泰始三年丁未岁(467)"[④]。另外,僧副(464—524)曾师从于"善明观行"的达摩,然后于齐建武年间(494—498)南游而"止于钟山定林下寺"[⑤],由此也佐证了达摩来华时间是在刘宋时期。再根据《祖堂集》的相关记载,达摩见梁武帝这一时间不晚于宝志和尚圆寂之时,即514年。采纳达摩刘宋时期来华说,这在一定程度上也为达

---

① 持这类观点的学者主要有胡适(《禅学指归》,陕西师范大学出版社,2008年,第63—71页)、汤用彤(《汉魏两晋南北朝佛教史》,中华书局,1983年,第561页)、任继愈(《中国佛教史》第3卷,中国社会科学出版社,1988年,第503页)、杜继文、魏道儒(《中国禅宗通史》,江苏古籍出版社,1993年,第39页)。持这类观点的学者一般认为达摩来华时间是在470年前后。

② 持这类观点的学者主要有孙述圻(《菩提达摩与梁武帝——六朝佛教史上的一件疑案》,《南京大学学报》,1984年第3期,第98—106页)、刘学智(《菩提达摩来华年代考》,《西北大学学报》,2005年第4期,第101—107页),持这类观点的学者主要认为达摩来华时间在梁普通七年(526年前后,如孙述圻)或梁普通元年(520年,如刘学智)。

③ 宝志和尚卒于514年,如果达摩在梁普通元年(520)或普通八年(527)来华,那么,宝志和尚是见不到达摩禅师的,由此而论,达摩与梁武帝相见及其对话也就是子虚乌有了。

④ 徐文明:《中土前期禅学思想史》,北京师范大学出版社,2004年,第79—80页。

⑤ [唐]道宣:《续高僧传》卷十六,《大正藏》第50册,第550页中。

摩与梁武帝相见提供了时间方面的可能。达摩碑中所言的"见之不见，逢之不逢"以及"悔之恨之"也似乎有了些许佐证。①

2. 惠可

惠可，一名僧可或慧可，俗姓姬氏，武牢人。《续高僧传》《楞伽师资记》《传法宝纪》等史料对之均有介绍，现整理如下，以资参考。

道宣在《续高僧传·惠可传》中有言："(惠可禅师)年登四十，遇天竺沙门菩提达摩游化嵩洛"，惠可便"一见悦之，奉以为师，毕命承旨"。② 不仅如此，惠可在达摩处，"从学六载，精究一乘，理事兼融，苦乐无滞"，并且"解非方便，慧出神心"。③ 在"达摩灭化洛滨"后，惠可也曾一时"埋形河涘"。④

净觉在《楞伽师资记·惠可传》中对惠可禅师的记述与《续高

---

① 郑州历史文化丛书编纂委员会编：《郑州市文物志》，河南人民出版社，1999 年，第 371 页。关于达摩碑的真伪、流传，中日学者诸如陈垣、柳田圣山、石井公成、小岛岱山、纪华传等都有相关研究。陈垣根据达摩碑文文风判释："其文体亦不类梁时风格，当是中唐人假托"之作（蓝吉富主编，陈援庵编：《现代佛学大系·3·释氏疑年录(卷二)》，弥勒出版社，1982 年，第 38 页）；柳田圣山在对《历代法宝记》《菩提达摩南宗定是非论》等文献考察的基础上，指出达摩碑可能撰述于神会晚至大历年间(766—779)（[日]柳田圣山：《初期禅宗史书の研究》，东京法藏馆，1967 年，第 321—322 页）；石井公成通过对"唯我大师得之矣"与《楞伽师资记》等北宗文献进行比较，指出达摩碑文与 8 世纪初的北宗禅的倾向基本一致（[日]石井公成：《梁武帝撰〈菩提达摩碑文〉の再检讨(一)》，《驹泽短期大学研究纪要》，2000 年第 28 号，第 171—189 页）；小岛岱山认为胡适太过于强调神会，柳田圣山太过于依据神会，诸如此类原因，致使初期禅宗史以及初期禅宗思想史受到了严重歪曲；认为达摩碑有重要史料价值，从其文意来看，或默认达摩碑为梁武帝所撰（[日]小岛岱山：《菩提达摩石碑碑文并参考资料》，《世界宗教研究》，2001 年第 1 期，第 127—134 页）；纪华传教授通过对三处达摩碑考释指出，达摩碑文不是由梁武帝亲撰的，而是在 728 年至 732 年之间由禅宗的某位弟子假托梁武帝撰写的。达摩碑文反映了北宗禅法的思想特色，但碑文出现后，又为南宗所利用，对后来的灯录和禅宗史产生过影响（纪华传：《菩提达摩碑文考释》，《世界宗教研究》，2002 年第 4 期，第 19—29 页）；任乃宏教授在《二祖庙〈菩提达摩碑〉碑文复原及考释》一文中假定达摩碑文为梁武帝所撰，并从 8 个方面进行推理，觉得梁武帝为达摩作《菩提达摩大师颂并序》是符合"人之常情"的，不过，他强调，"在新的、更为可靠的证据出现之前，对于'达摩碑文是否由梁武帝亲撰'这一课题，最好的办法是存疑"（任乃宏：《二祖庙〈菩提达摩碑〉碑文复原及考释》，《文物春秋》，2012 年第 3 期，第 61—66 页）。
② [唐]道宣：《续高僧传》卷十六，《大正藏》第 50 册，第 552 页上。
③ [唐]道宣：《续高僧传》卷十六，《大正藏》第 50 册，第 552 页上。
④ [唐]道宣：《续高僧传》卷十六，《大正藏》第 50 册，第 552 页上。

僧传》所述内容基本一致:"(惠可禅师)年四十,遇达摩禅师,游化嵩洛,奉事六载,精究一乘,附于玄理。略说修道,明心要法,真登佛果。"①

杜胐在《传法宝纪·惠可传》中也有相似记述:"(惠可禅师)年四十,方遇达摩禅师,深求至道,六年勤恳,而精心专竭,始终如初。"②值得注意的是,《传法宝纪》还记载了"惠可断臂求法"之事。当惠可听闻达摩禅师言"能以身命,为法不吝"后,则"断其左臂,颜色不异,有若遗士",而达摩禅师则"知堪闻道,乃方便开示",惠可禅师则"即时其心,直入法界"。③《传法宝纪》对惠可禅师的记述,突出了其求法的恳切与坚定,这与《续高僧传》所言惠可"遭贼斫臂"而"以法御心,不觉痛苦"是有明显差异的。④

3. 僧璨

僧璨,亦作僧粲,生平事迹比较模糊,《续高僧传》中虽有"僧粲传",但那是"隋京师大兴善道场"的"僧粲",似与作为禅宗三祖的僧璨并非一人。⑤《楞伽师资记》《传法宝纪》对之虽有论及,但相对都比较简略。

禅师净觉在《楞伽师资记·僧粲传》中曾有这样的论述:"其粲禅师,罔知姓位,不测所生。"⑥净觉还进一步指出,《续高僧传》有言"可后

---

① 韩传强:《禅宗北宗敦煌文献录校与研究》,江苏人民出版社,2018年,第301页。
② 韩传强:《禅宗北宗敦煌文献录校与研究》,江苏人民出版社,2018年,第45页。
③ 韩传强:《禅宗北宗敦煌文献录校与研究》,江苏人民出版社,2018年,第45页。
④ [唐]道宣:《续高僧传》卷十六,《大正藏》第50册,第552页中。
⑤ [唐]道宣:《续高僧传》卷九,《大正藏》第50册,第492页中。根据道宣所记,"京师大兴善道场僧",俗姓孙,汴州陈留人。"幼年尚道,游学为务",可谓"河北江南东西关隆,触地皆履,靡不通经",并自号"三国论师"。参见[唐]道宣:《续高僧传》卷九,《大正藏》第50册,第492页中。
⑥ 韩传强:《禅宗北宗敦煌文献录校与研究》,江苏人民出版社,2018年,第306页。

粲禅师"①,"唯僧道信,奉事粲十二年,为器传灯,一一成就"②。相较于《续高僧传》,《楞伽师资记》更加明确了僧璨禅师在初期禅宗史中的地位。

杜朏在《传法宝纪·僧粲传》中则言:"释僧璨,不知何处人。事可禅师,机悟圆顿,乃为入室。"③简短数语,却将僧璨禅师与惠可禅师的关系,以及僧璨禅师的禅法思想呈现了出来。在初期禅宗史上,关于僧璨禅师的记述,整体来说,都比较简略,这可能与"周武破法"而僧璨禅师"流遁山谷,经十余年"有关。④

4. 道信

关于道信禅师,无论是《续高僧传》,还是其他史料,对之都有较为详尽的介绍。《楞伽师资记》所载道信禅师的《入道安心要方便法门》,可以被视为初期禅的重要修行理论。

道宣在《续高僧传·道信传》中有如是记述:"释道信,俗姓司马,未详何人。"⑤而《传法宝纪》则言:"释道信,河内人,俗姓司马氏。"⑥值得注意的是,《楞伽师资记》不仅言道信禅师有《菩萨戒法》一本,更是明确地说,其制《入道安心要方便法门》为"有根器者说"⑦。《楞伽师资记》对道信禅师着墨甚多,这不仅是学界对"东山法门"关注的开启,更是对初期禅理论的一次梳理和总结。《楞伽师资记》在阐述道信的《入道安心要方便法门》时,援引了《文书说般若经》的"一行三昧品"、《普

---

① 此论见《续高僧传》卷二十五,原文作:"可禅师后,粲禅师、惠禅师、盛禅师、那禅师、端禅师、长藏师、真法师、玉法师,以上并口说玄理,不出文记。"参见[唐]道宣:《续高僧传》卷二十五,《大正藏》第 50 册,第 666 页中。
② 韩传强:《禅宗北宗敦煌文献录校与研究》,江苏人民出版社,2018 年,第 306—307 页。
③ 韩传强:《禅宗北宗敦煌文献录校与研究》,江苏人民出版社,2018 年,第 46 页。
④ 韩传强:《禅宗北宗敦煌文献录校与研究》,江苏人民出版社,2018 年,第 46 页。
⑤ [唐]道宣:《续高僧传》卷二十,《大正藏》第 50 册,第 606 页中。
⑥ 韩传强:《禅宗北宗敦煌文献录校与研究》,江苏人民出版社,2018 年,第 46 页。
⑦ 韩传强:《禅宗北宗敦煌文献录校与研究》,江苏人民出版社,2018 年,第 310 页。

贤观经》《大品经》《华严经》《法华经》《涅槃经》《金刚经》《无量寿经》《维摩诘经》《遗教经》《法句经》以及《庄子》等众多经论和道家经典。可以说,《楞伽师资记·道信传》不仅是对道信禅师的记述,也是对"方便通经"的诠释。《楞伽师资记》对坐禅的论述,不仅为禅宗的发展提供了理论支撑,也为坐禅提供了切实可行的"操作指南"。

5. 忍禅师

忍禅师,即五祖弘忍禅师。关于禅师弘忍的记述,《楞伽师资记》《传法宝纪》及相关藏经文献都有介绍。《传法宝纪·弘忍传》中有如是记述:

> 释弘忍,黄梅人,俗姓周氏。童真出家,年二十,事信禅师,性木讷沉厚,同学颇轻戏之,终默无所对。常勤作役,以体下人,信特器之。昼则混迹驱给,夜便坐摄至晓,未尝懈倦,精至累年。信常以意导,洞然自觉。虽未视诸经论,闻皆心契。既受付嘱,令望所归,裾屦溱门,日增其倍。十余年间,道俗人受学者,天下十八九。自东夏禅匠传化,乃莫之过;发言不意,以察机宜;响对无端,皆冥寂用。上元二年八月,数见衰相,十八日,因弟子法如密有传宣,明一如所承,因若不言,遂泯然坐化,春秋七十四也。①

相较于《楞伽师资记》《宋高僧传》等史书,《传法宝纪》所述内容相对简洁,其对弘忍禅师的记述基本呈现了弘忍作为道信禅师的承继者以及其在禅宗史上的地位。这里有一点需要注意的是,《传法宝纪》对禅师法如较为关注,这在《弘忍传》中也有些许痕迹。关于弘忍的弟子,各种

---

① 韩传强:《禅宗北宗敦煌文献录校与研究》,江苏人民出版社,2018年,第47页。

文献所记不一,主要有"十大弟子"①之说。敦煌文献中有多个版本的《修心要论》,多冠以"忍和上""忍禅师""忍大师是祖"之名②,常被视为研究弘忍禅师的重要文献之一。实际上,将《修心要论》归于弘忍禅师门下,无可厚非,但若将其置于弘忍禅师名下,则需要进一步讨论和考证。

6. 燃灯佛

燃灯佛,亦称"燃灯古佛"。根据《佛界百佛》所载:"燃灯佛,即定光如来、锭光如来、普佛光如来、灯光如来。供奉'竖三世佛'的庙宇,往

---

① 关于弘忍的十大弟子,历来说法不一,现根据具体文献,整理如下:(1)《楞伽人法志》及《楞伽师资记》的"十一人说":"如吾一生,教人无数,好者并亡,后传吾道者,只可十耳。我与神秀,论《楞伽经》,玄理通快,必多利益。资州智诜,白松山刘主簿,兼有文性;莘(当为'华')州惠藏,随州玄约,忆不见之;嵩山老安,深有道行;潞州法如、韶州惠能、扬州高丽僧智德,此并堪为人师,但一方人物。越州义方,仍便讲说。又语玄赜曰:汝之兼行,善自保爱,吾涅盘后,汝与神秀,当以佛日再晖,心灯重照。"(韩传强:《禅宗北宗敦煌文献录校与研究》,江苏人民出版社,2018 年,第 330 页。)这里的"十大弟子"实际上是 11 人,即神秀、智诜、刘主簿、惠藏、玄约、老安、法如、惠能、智德、义方、玄赜。《楞伽师资记》将玄赜地位特别突出了,足见玄赜及其弟子净觉的用意。(2)《历代法宝记》所记载的"十大弟子"有两说。第一种:"吾一生教人无数,除惠能,余有十尔。神秀师、智诜师、智德师、玄迹(当作"赜")师、老安师、法如师、惠藏师、玄约师、刘王(当作"主")簿。虽不离吾左右,汝各一方师也。"(《历代法宝记》,《大正藏》第 51 册,第 182 页上—182 页中。)这虽然承袭了《楞伽师资记》"十一人"说,但漏掉了"义方"。第二种:"忽(当为"忍")大师当在黄梅冯茂山日,广开法门,接引群品。当此之时,学道者千万余人,并是升堂入室。智诜、神秀、玄迹(当为"赜")、义方、智德、惠藏、法如、老安、玄约、刘主簿等,并尽是当官领袖,盖国名僧,各各自言,为大龙像,为言得底,乃知非底也。忽有新州人,俗姓卢,名惠能……"(《历代法宝记》,《大正藏》第 51 册,第 183 页中—下。)这里特别突出了慧能的重要地位。(3)宗密《圆觉经大疏钞》所列 10 人:"(弘忍)大师广开教法,学徒千万。于中,久在左右,升堂入室者,即荆州神秀、潞州法如、襄州通、资州智诜、越州义方、华州慧藏、蕲州显、扬州觉、嵩山老安,并是一方领袖。或阃国名僧,虽各有证悟,而随器不同,未有究了心源者。后有岭南新州卢行者,年二十二,来谒大师。初答作佛之语,与契师心;舂米题偈,师资道合。后乃三夜共语,直了见性。遂授密语,付以法衣。……其神秀等十人,虽证悟未彻,大师许云:各堪为一方之师。"(宗密:《圆觉经大疏钞》卷三,《续藏经》第 9 册,第 532 页中。)宗密于此删减了玄赜、玄约、智德和刘主簿等 4 人,增加了"襄州通""蕲州显"和"扬州觉"3 人。这样,宗密"十大弟子说"实际上只有 9 人。关于此问题的详尽讨论,可以参见印顺:《中国禅宗史》,江西人民出版社,2007 年,第 61—63 页;韩传强:《禅宗北宗研究》,宗教文化出版社,2013 年,第 197—198 页。

② 关于此问题的详细探讨,可参见拙著《禅宗北宗敦煌文献录校与研究》,江苏人民出版社,2018 年,第 24 页。

往在正殿大雄宝殿中供奉燃灯佛（左侧）、释迦牟尼佛（正中）、弥勒佛（右侧），代表过去、现在、未来三世。"①

7. 天子

天子，本是帝王的代称，这里特指唐中宗李显（656—710）。据《旧唐书》卷七《中宗·睿宗本纪》所载，中宗大和圣昭孝皇帝讳显，是唐高宗的第七子，其母为则天顺圣皇后，显庆元年（656）生于长安。李显于657年被封为周王，授为洛州牧。仪凤二年（677），21岁的李显被封为英王，改名李哲，并授为雍州牧。永隆元年（680），太子章怀被废，同年李显被立为皇太子。弘道元年（683），高宗驾崩，遗诏令太子在灵柩前即位，皇太后武则天临朝代行国政，改元为"嗣圣"。而嗣圣元年（684）二月，武则天废李显为庐陵王，并将其幽禁于别所。后来，李显被迁居到均州（今属湖北丹江口市），不久，又改迁到房陵（今属湖北省黄县）。圣历元年（698），武则天召李显还东都，立为皇太子，依旧名"李显"。当时张易之与其弟张昌宗暗中图谋叛乱。神龙元年（705），侍郎张柬之、侍郎崔玄暐（炜）、左羽林将军敬晖、右羽林将军桓彦范、司刑少卿袁恕已等，商定率领羽林兵诛杀张易之、张昌宗兄弟，迎立皇太子"监国"，总领政务，大赦天下，但张氏兄弟及其党羽除外。"神龙革命"成功，武则天传位于太子李显，恢复大唐国号。不幸的是，李显执政不久，便于景龙四年（710）被韦后及其女儿安乐公主以鸩酒毒亡，驾崩于神龙殿。昔日相濡以沫、被安乐公主蛊惑志欲"临朝称制"的韦后，一起颠沛流离、妄想当"皇太女"的女儿，最终成为弑中宗的元凶。② 中宗的一生是比较

---

① 徐彻、李焱：《佛界百佛》，上海三联书店，2019年，第25页。
② 参见[后晋]刘昫等：《旧唐书》第1册（卷七），中华书局，1975年，第135—150页。关于安乐公主弑中宗一事，史料中多有记载。2006年，长安区郭杜镇在配合基建时发现的《大唐故勃逆宫人志文并序》就是关于安乐公主的，其中也论及她弑父一事。《大唐故勃逆宫人志文并序》记载了安乐公主的生平、安乐公主一生所犯的种种罪行以及唐王室对安乐公主的相应惩罚。关于此问题的详细探讨，参见拙文《〈大唐故勃逆宫人志文并序〉的录校与研究》，《宁夏大学学报》，2017年第3期，第192—196页。

凄凉的,前半生颠沛流离、担惊受怕,后半生忍辱负重、死于非命,悲哉。

8. 万回

万回,也称神僧万回,史料中对其记载较多。特别值得关注的是,当神秀圆寂时,万回现身,并当众宣布"宏通正法,必此人(按这里指义福)也"①,这就增加了北宗禅的神秘性和多元性。更有趣的是,在老安禅师圆寂时,万回禅师再次现身:

> 寻以神龙二年,中宗赐紫袈裟,度弟子二七人,仍延入禁中供养三年,又赐摩衲一副。师辞嵩岳,是年三月三日嘱门人曰:吾死已,将尸向林中,待野火焚之。俄尔万回公来见师,猖狂握手言论,傍侍倾耳都不体会。至八日闭户偃身而寂,春秋一百二十八。(隋开皇二年壬寅生,唐景龙三年巳酉灭,时称老安国师。)②

尽管史料中对万回个人情况的记述并不多,但万回禅师在众多场面"在场"的情形却很多,这既是对万回"社交能力"的呈现,也是禅宗所具的神秘性特质使然。

四、事件类词语

人物加上时间、地点,便构成了一件件具体事件。这些事件有的是"善业",有的是"恶业",而很多也可能是"无记业"。当事件对历史发展产生一定影响时,这种事件就具有了"历史性",从而以各种形式被记

---

① [唐]严挺之:《大智禅师碑铭并序》,[清]董诰:《全唐文》卷二百八十,上海古籍出版社,1990年,第1256—1257页。
② [宋]道原:《景德传灯录》卷四,《大正藏》第51册,第231页下。

录下来。

1. 遥付法印

遥付法印,即佛教的传法,其"极致形式"则是法脉的传承,这在禅宗,尤其是中土禅宗中表现得尤为明显,其中,"西天二十八祖"与"中土六祖"最为典型。关于"西天二十八祖",不同史料记述略有差异,这里以《中国佛教文化简明辞典》中相关词条为例以示之:

> "二十八祖",全称"西天二十八祖",禅宗对其印度时代传承世系的编制。据《景德传灯录》,初祖为摩诃迦叶、二祖阿难、三祖商那和修、四祖优婆毱多、五祖提多迦、六祖弥遮迦、七祖婆须蜜、八祖佛陀难提、九祖伏陀蜜多、十祖胁尊者、十一祖富那夜奢、十二祖马鸣、十三祖迦毗摩罗、十四祖龙树、十五祖迦那提婆、十六祖罗睺罗多、十七祖僧伽难提、十八祖伽耶舍多、十九祖鸠摩罗多、二十祖阇夜多、二十一祖婆修槃头、二十二祖摩拏罗、二十三祖鹤勒那、二十四祖师子尊者、二十五祖婆舍斯多、二十六祖不如密多、二十七祖般若多罗、二十八祖菩提达摩(亦为东土初祖)。①

而关于"中土六祖",《大通禅师碑》中便有记述,即初祖达摩,二祖慧可,三祖僧璨,四祖道信,五祖弘忍,六祖神秀。事实上,中土禅宗关于"六祖之争"早已有之,这与禅宗教岐南北几乎是同步的。至于中土禅宗六祖,有神秀、慧能、法如②等多个版本,其中,争论最激烈的当属

---

① 萧振士:《中国佛教文化简明辞典》,世界图书出版公司,2014年,第110页。
② 以法如为中土禅宗六祖,可见于《法如行状》,其中所列中土禅宗谱系为达摩→惠可→僧璨→道信→弘忍→法如。《法如行状》所述中土禅宗的传承,也是目前所知中土最早的禅宗谱系。学者袁德领在《法如神秀与北宗禅的肇始》一文中指出,"法如实际上是北宗禅的开山鼻祖","法如禅是北宗禅的肇始",其"恪守了弘忍的守心、纯朴归真的禅风,又发展了观心从外观的更积极的渐修方法,后为神秀等为代表的北宗所发扬光大"。参见袁德领:《法如神秀与北宗禅的肇始》,《敦煌研究》,2001年第1期,第67—76页。

"能秀之争"。而实际上,"能秀之争"并非能、秀二禅师之本意,更多是其弟子间法统之争使然。

佛教自印度传入中土,其实并非一帆风顺,经历了初传、格义、中国化,并与儒道两家进行了多次论争。至隋唐之时,佛教中国化渐趋完成,佛陀"遥付法印"之念基本圆满。①

2. 退藏于密

退藏于密,这是神秀一生中最为神秘、隐晦的一段经历。学者熊飞在《张说集校注》以《周易·系辞上》的"圣人以此洗心,退藏于密"以及晋韩伯康所注"言其道深微,万物日用而不能知其原故,曰退藏于密,犹藏诸用也"②来诠释神秀这段"退藏于密"的生活。若是如此,那么神秀禅师的这段"退藏于密"的生活应该是主动选择的,《大通禅师碑》的叙述似也如此:"(弘忍禅师)命之(神秀禅师)洗足,引之并坐","于是涕辞而去,退藏于密"。"命之洗足""引之并坐",足见弘忍禅师对神秀的器重,而"涕辞而去""退藏于密"似乎是有备而行。但《传法宝纪》中所言则与之不尽一致:

> 至年卅六,往东山,归忍禅师。一见重之,开指累年。道入真境,自所证,莫有知者。后随迁适,潜为白衣,或在荆州天居寺十所年,时人不能测。③

神秀禅师何以要"退藏于密"或者"潜为白衣"?日本学者松田文雄认为,此间发生了一个特别重大的事件,即弘忍禅师指定了慧能而不

---

① 关于佛教传入中国事宜,笔者曾对之有过思考,具体参见拙文《佛教何以融入中国》,《河南师范大学学报》,2010 年第 5 期,第 30—34 页。
② 熊飞校注:《张说集校注》第 3 册,中华书局,2013 年,第 968 页。
③ 韩传强:《禅宗北宗敦煌文献录校与研究》,江苏人民出版社,2018 年,第 48 页。

是神秀为中土禅宗的"六祖"。① 而学者马克瑞则认为,神秀的"隐没"可能是唐朝佛道论争的结果以及唐朝颁布的僧尼要礼敬皇帝和父母(甚至还俗)所致,而此时神秀使用了"惠秀"这一名字。② 相较于松田文雄的假设,马克瑞教授的推论更有说服力。

3. 诏请而来

诏请而来,这里是指久视二年或大足元年(701)神秀应武则天之诏请而入两京讲法。神秀禅师应诏之事,史料多有记载。《楞伽师资记·序文》有言:"大足元年,在于东都,遇大通和上,讳秀,蒙受禅法,开示悟入,似得少分。每呈心地,皆云'努力'。"③

神秀应诏之事,在《全唐文》等史料中也有相应记述。宋之问所作《为洛下诸僧请法事迎秀禅师表》④便是为召请神秀禅师所作,这时的神秀禅师被称为"道秀"禅师。《为洛下诸僧请法事迎秀禅师表》有言:"遣使迎玉泉寺僧道秀。陛下载宏佛事,梦寐斯人,语程指期,朝夕诣阙。"⑤神秀应诏至京后,常于两京辗转布道,伴其左右的,除了上文所言的禅师净觉外,还有普寂、义福等众多弟子。以普寂为例,在大足元年(701),武则天诏请神秀至东都,神秀便"因荐寂度为僧"⑥。长安年间(701—704),普寂前往嵩岳寺传法度众,其在僧俗中的声望也不断提高,以致有"及秀之卒,天下好释氏者咸师事之"⑦。神龙二年(706),神

---

① 松本文雄:《神秀伝に于ける二・三の問題について》,《印度学佛教学研究》,1957年第5集第1期,第212—215页。
② John R. McRae, *The Northern School and the Formation of Early Ch'an Buddhism*, Honolulu: University of Hawaii Press, 1986, pp. 48-49.
③ 韩传强:《禅宗北宗敦煌文献录校与研究》,江苏人民出版社,2018年,第280页
④ [唐]宋之问:《为洛下诸僧请法事迎秀禅师表》,[清]董诰编:《全唐文》卷二百四十,上海古籍出版社,1990年,第1074页。
⑤ [唐]宋之问:《为洛下诸僧请法事迎秀禅师表》,[清]董诰编:《全唐文》卷二百四十,上海古籍出版社,1990年,第1074页。
⑥ [宋]赞宁:《宋高僧传》卷九,《大正藏》第50册,第760页下。
⑦ [宋]赞宁:《宋高僧传》卷九,《大正藏》第50册,第760页下。

秀迁化,中宗派"考功员外郎武平一"①诏请普寂,也即《宋高僧传》所言的"特下制,令普寂代本师统其法众",并于开元十三年(725)②应诏入住洛阳大敬爱寺。③ 可见,神秀应诏,既是来自武则天等皇室的诏请,也是来自部分士大夫的"呼吁";神秀禅师的到来,不是一个人的前往,而是一个"团队"的加入,这种加入,使得在很长一段时间内,两京"文化圈"里都洋溢着北宗禅的气息。

4. 诏使吊哀,侯王归赗

"诏使吊哀,侯王归赗",这是给神秀禅师办理丧事。关于神秀的丧事,除了《大通禅师碑》所记之外,《传法宝纪》④《旧唐书》等史料中都有所记载。《旧唐书》有言:"神秀以神龙二年卒,士庶皆来送葬。有诏赐谥曰'大通禅师'。又于相王旧宅置报恩寺,岐王范、张说及征士卢鸿一皆为其碑文。"⑤值得注意的是,这里言"岐王范、张说及征士卢鸿一皆为其碑文",张说的碑文即《大通禅师碑》,而岐王范、征士卢鸿一所作碑文不得而知。至于《传法宝纪》结尾处的那份塔文是谁所作,至今尚无法确知。

五、典故与传说

典故与传说,这是文学作品常用的手法。以典故之喻来阐释所述

---

① [唐]李邕:《大照禅师塔铭》,[清]董诰编:《全唐文》卷二百六十二,上海古籍出版社,1990年,第1175页。
② [宋]赞宁:《宋高僧传》卷九,《大正藏》第50册,第760页下。
③ 关于此问题的详细讨论,参见拙著《禅宗北宗研究》,宗教文化出版社,2013年,第231页。
④ 《传法宝纪》结尾处附有《终南山归□寺大通道秀和上塔文》,见拙著《禅宗北宗敦煌文献录校与研究》,江苏人民出版社,2018年,第51—52页。
⑤ [后晋]刘昫等:《旧唐书》第16册(卷一九一),中华书局,1975年,第135—150页。

内容,可以更好地呈现创作者的心声。张说作为一代文豪,其在撰写《大通禅师碑》时用典也不少,兹整理如下。

1. 东山之法,尽在秀矣

"东山之法,尽在秀矣",这是五祖弘忍禅师对神秀禅师的肯定,暗示神秀对东山法门的承继,实际上也意味着对禅宗法脉的承继。不过,不同文献对此记述不尽一致,甚至表意完全不同。

东山之法为东山法门所传之法。"东山法门",始于道信,盛于弘忍。宋僧赞宁在《唐荆州当阳山度门寺神秀传》中有言:

> 昔魏末有天竺沙门达磨者,得禅宗妙法。自释迦佛相传授,以衣钵为记,世相传付。航海而来,梁武帝问以有为之事,达磨贵传径门心要。机教相乖,若水投石。乃之魏,隐于嵩丘少林寺。寻卒。其年,魏使宋云于葱岭见之。门徒发其冢,但有衣履而已。以法付慧可,可付粲,粲付道信,信付忍,忍与信俱住东山,故谓其法为"东山法门"。
>
> 秀既事忍,忍默识之,深加器重。谓人曰:"吾度人多矣。至于悬解圆照,无先汝者。"①

可见,由于"忍与信俱住东山",所以称其法为"东山法门"。而弘忍禅师对神秀禅师所言虽"吾度人多矣",但"至于悬解圆照,无先汝者",这与《大通禅师碑》所言"东山之法,尽在秀矣"则是异曲同工的。

净觉在《楞伽师资记·神秀传》中也有相应记述。这种记述体现于神秀应诏入京后与武则天的一则对话中。

---

① [宋]赞宁:《唐荆州当阳山度门寺神秀传》,《宋高僧传》卷八,《大正藏》第 50 册,第 756 页上。

则天大圣皇后问神秀禅师曰:"所传之法,谁家宗旨?"

答曰:"禀蕲州东山法门。"

问:"依何典诰?"

答曰:"依《文殊说般若经》'一行三昧'。"

则天曰:"若论修道,更不过东山法门。"以秀是忍门人,便成口实也。①

不过,在以《坛经》为代表的南宗禅诸类文献中,不仅没有这种表述,而且常以那两首著名的"传法偈"②来判分南北两宗。

2. 石城之叹

石城之叹,根据学者熊飞在《张说集校注》注释中言,此为"以晋代善风角之术者戴洋为喻",并且《晋书·戴洋传》中对此有详细论述:"城东家望见城内夜半有数炬火,从城上出,如大车状,白布幔覆,与火俱出城东,北行至江乃灭。洋闻而叹曰:'此与前白气同。'时亮欲西镇石城。"③

3. 庐山之碑

庐山之碑,学者熊飞认为这里"似指宋谢灵运撰《宋慧远法师碑》"④。实际上,谢灵运不仅为慧远法师撰写了《庐山慧远法师碑》,

---

① 韩传强:《禅宗北宗敦煌文献录校与研究》,江苏人民出版社,2018年,第332—333页。

② 在法海所集《南宗顿教最上大乘摩诃般若波罗蜜经六祖惠能大师于韶州大梵寺施法坛经》中就记载着五祖弘忍准备传递衣钵而让众弟子"各出一偈"事宜。神秀所作偈语为:"身是菩提树,心如明镜台;时时勤拂拭,莫使有尘埃。"慧能禅师所作偈语为:"菩提本无树,明镜亦无台;佛性常清静,何处有尘埃。"并在记述中隐性凸显了两首偈语"境界"的差异。参见[唐]法海集:《南宗顿教最上大乘摩诃般若波罗蜜经六祖惠能大师于韶州大梵寺施法坛经》,《大正藏》第48册,第337页下—338页上。

③ 熊飞校注:《张说集校注》第3册,中华书局,2013年,第969页。

④ 熊飞校注:《张说集校注》第3册,中华书局,2013年,第969页。

还撰写了《庐山慧远法师诔并序》。① 在《庐山慧远法师碑》中,谢灵运有言:"(慧远)法师借旷劫之神明,表今生之灵智。"②赞誉之情、崇敬之意,溢于言表。张说以此为喻,抒发其对神秀禅师的感怀与敬慕。

4. 子贡之论孔子

子贡之论孔子,子贡为孔子弟子,张说以此为喻,来表达其对神秀禅师执弟子之礼。③ 另外,关于子贡对孔子的论述,《论语》中有众多片段,这里择其一二以示之。

> 子贡曰:"夫子之文章可得而闻也;夫子之言性与天道,不可得而闻也。"(《论语·公冶长第五》)

> 叔孙武叔毁仲尼。子贡曰:"无以为也,仲尼不可毁也。他人之贤者,丘陵也,犹可逾也。仲尼,日月也,无得而逾焉。人虽欲自绝,其何伤于日月乎?多见其不知量。"(《论语·子张第十九》)④

可见孔子在子贡心中的地位之高以及子贡对孔子的维护。张说将自己与神秀禅师的关系以子贡与孔子的关系相比拟,既是自谦,也是对神秀禅师无比尊敬之情的自然流露。

---

① 凌凤章、张寿生主编:《九江人物志稿》,九江市地方志办公室,1992年,第431页。
② 《庐山慧远法师文钞》,国光印书局,1935年,第81—82页。
③ 学者佛尔在《正统性的意欲——北宗禅之批判系谱》一书中曾言,神秀是张说"唯一的师父",张说作为一名"真正称得上神秀弟子"的人,其对神秀的敬重不亚于子贡之于孔子。参见佛尔著,蒋海怒译:《正统性的意欲——北宗禅之批判系谱》,上海古籍出版社,2010年,第24页。关于此问题的详细探讨,亦可参见拙著《禅宗北宗研究》,宗教文化出版社,2013年,第86页。
④ [宋]朱熹:《四书集注》,凤凰出版社,2005年,第83、209页。

六、术语与经论

张说撰《大通禅师碑》,既是出于其与神秀禅师的密切关系,也是应神秀禅师再传弟子一行禅师的邀请①。在当时,活跃于两京、盛名于全国多地的神秀弟子普寂、义福乃至再传弟子一行禅师等,之所以盛邀张说来为神秀禅师撰碑文,既是源于张说的社会影响力,也可能是由于张说与神秀的亲密关系。这种关系体现在张说对神秀禅法思想的精准把捉上。所以,《大通禅师碑》涉及众多佛教术语和经论,这是对神秀禅法的较好呈现。

1. 四大

四大,也称四界,即地、水、火、风,是构成一切色法(相当于物质现象)的四种基本元素。以"四大"能造作一切"色法",称"四大种""能造四大";被造作之诸色法,称"四大所造"。② 所以《大通禅师碑》言:"总四大者,成乎身矣。"

2. 万法

万法,指事物及其现象,也即理性、佛法等。"万法唯心"与"万法唯识"成为佛教常用之词。当然,"唯心"与"唯识",并非完全相同,不同宗派乃至不同学者对之也有区分,至少在表述上的选择不尽相同。禅

---

① 一行禅师邀请张说为神秀撰碑铭一事,《全唐文》及《张燕公集》中均有记载。在《全唐文》卷九百一十四中收录有《答张燕公书》,开篇有言:"度门寺大众僧撤、昙振、达摩(为度门寺僧达摩,非菩提达摩)、一行等白:令公檀越,世相邈迈,时节如驰。自先师因待不居,逾十余载……"([清]董诰:《全唐文》第4册,卷九百一十四,上海古籍出版社,1990年,第4223页。)《张燕公集》中也载有《度门寺僧众书并僧一行等答》一文(熊飞校注:《张说集校注》第4册,中华书局,2013年,第1431—1432页)。

② 张岱年主编:《中国哲学大辞典》,上海辞书出版社,2010年,第282页。

学者多以"唯心"而论,唯识学者多以"唯识"论之。学者胡晓光便在《唯识要义探究》中撰文以论两者差异。① 而张说在《大通禅师碑》中所言"立万法者,主乎心矣"也将这种微妙之处呈现了出来。

3. 真如

真如,亦译作"如""如如",在早期汉译佛经中也常译作"本无",其意为现象的真实状况、真正本质。当然,随着佛教传入中国以后,中土各个宗派从不同角度赋予真如不同名称,常见的有性空、无为、实相、实际、法界、法性、佛性、法身等,这些均属同类概念。简言之,一般将"真如"理解为绝对不变的真理、现象的本质。②

4. 法印

法者,佛法;印者,印记。法印,也即印证是否为佛法的标准,通常有一法印(一实相印)、三法印(诸行无常、诸法无我、涅槃寂静)、四法印(诸行无常、诸法无我、涅槃寂静、一切诸行苦)、五法印(诸行无常、诸法无我、涅槃寂静、一切诸行苦、一切空法)等多种。一般来说,佛教通常说的是"三法印"。③

5. 佛身

佛身,本指释迦牟尼的生身,随着佛教理论的不断发展和嬗变,佛身被赋予了特殊的宗教内涵,即指有聚集功德和觉悟而成就的佛体,并

---

① 胡晓光指出:"唯识"与"唯心"这两个概念在一般佛典中是不作分别的,如"万法唯心"与"万法唯识"实际上是同义语。甚至有时我们还把"心"与"识"组成一词——"心识"或"识心",都是把"心"与"识"当成同一范畴。虽然"心"与"识"在概念内涵方面有共通部分,但毕竟是两个不同的名相,其词义与使用形式并不完全一致。详细讨论参见胡晓光编:《唯识要义探究》,宗教文化出版社,2011年,第152页。

② 参见萧振士:《中国佛教文化简明辞典》,世界图书出版公司,2014年,第204页。

③ 参见萧振士:《中国佛教文化简明辞典》,世界图书出版公司,2014年,第261—262页。

由此发展为多种佛身的说法,其中以"三身(法身、报身、应身)说"最为常见。①

6. 九漏

漏者,烦恼的别称。九漏,即指由身、口、意所造之业而产生的诸种系缚和烦恼。破除烦恼的方式是洞悉烦恼,进而获得"悬解"。

7.《老》《庄》玄旨

这里的"老庄"有多种解读:(1)指《老子》《庄子》这两本著作,这是一种"特指"的理解;(2)指老庄思想,也即道家思想,这是一种相对"泛指"的理解。根据上下文意,这里取第一种解读。

8.《书》《易》大义

《书》,一般指《尚书》,最早为《书》;《易》,一般指《周易》,也即《易经》和《易传》的统称。

9. 三乘经论

三乘,佛教术语,"乘"本是古代车乘,以此为喻来说明学佛者根器有别以及所证果位不同,而将其分为三种,即声闻乘(小乘)、缘觉乘和菩萨乘(大乘)。小乘与大乘也成为佛教发展中的重要阶段。

10. 四分律仪

"四分律",本是佛教书名,原为印度上座部所传戒律书,故言四分律仪。《四分律》,60卷,由姚秦佛陀耶舍共竺佛念等译,传入中土后,成为中土律宗立宗的经典。初期禅宗,尤其是北宗禅,对戒律尤为关

---

① 参见萧振士:《中国佛教文化简明辞典》,世界图书出版公司,2014年,第16页。

注,这也是玉泉寺能成为天台宗、禅宗、律宗等各宗祖师共同驻锡之所的原因。

11. 孔翠

孔翠,学者熊飞将其解释为孔雀与翠鸟,可资参考。熊飞认为,因两者羽毛美观,古人常以此为饰,并援引李善所注《蜀都赋》中"孔翠群翔"来佐证。①

12. 法胤

胤者,嗣也;法胤,法嗣也。张说这里是说五祖弘忍禅师作为禅门之法嗣。这里的禅门,也即下文所言的达摩至道信这一中土禅宗传承的法系。神秀禅师在逮知天命之年,前去参诣禅门法嗣(弘忍禅师),实际上也隐喻着神秀禅师也是这一禅门之"法胤"。

13. 相承五光

这里指自达摩禅师至弘忍禅师的五代传承。在初期禅宗史中,尽管"六祖之争"一直没有停息,但学界、僧界对达摩→惠可→僧璨→道信→弘忍这一五代传承基本认可。尽管净觉在《楞伽师资记》中将求那跋陀罗置于达摩之前,但这或许是因为求那跋陀罗是《楞伽经》的译者。

14. 本心

本心,这是一个熟悉而又复杂的词语。一般而言,本心出自先秦孟子,指心之本然,也即人天赋的道德观念和本能。② 而随着佛教的传入和发展,本心也逐渐为佛教,尤其是禅宗所沿用,其多与真如、实相等词语意义相近。

---

① 熊飞校注:《张说集校注》第3册,中华书局,2013年,第966页。
② 张岱年主编:《中国哲学大辞典》,上海辞书出版社,2010年,第207页。

15. 寂灭境

寂灭，佛教术语，指达到对生死诸苦及其根源最彻底的断灭，也即涅槃。如《大方广佛华严经》有言："菩萨常乐寂灭法，随顺得至寂灭境。"①

16. 三有

三有，佛教术语，指三种存在形式，分别为相待有、假名有、法有。《大智度论》有言："复次，有有三种：一者相待有，二者假名有，三者法有。"②

17. 四禅

四禅，佛教术语，也即四禅定、四静虑等，是佛教修行禅定的四种进阶境界。这四种进阶依次为初禅（离开欲界非善的现象，感受到离欲的喜乐，但心理上依然有觉和观两种活动）、二禅（断除觉和观两种心理活动，心理达到纯然信仰的状态，所得喜乐为定性喜乐）、三禅（舍去二禅喜乐，心中只存留正念、正慧，感受到离喜的妙乐）、四禅（舍去三禅妙乐，心中唯念修行功德，心中感受是不苦不乐）。③

18. 摄心

摄心，即摄散乱之心于一处④。《长阿含经》有言："觉寤语默，摄心不乱，是谓比丘具诸威仪。"⑤

---

① ［东晋］佛陀跋陀罗译：《大方广佛华严经》卷十五，《大正藏》第9册，第497页上。
② 龙树撰，［后秦］鸠摩罗什译：《大智度论》卷十二，《大正藏》第25册，第147页下。
③ 参见萧振士：《中国佛教文化简明辞典》，世界图书出版公司，2014年，第174—175页。
④ 佛学书局编纂：《实用佛学辞典》，浙江古籍出版社，1974年，第1896页。
⑤ ［后秦］佛陀耶舍共竺佛念等译：《长阿含经》卷二，《大正藏》第1册，第14页上。

19.《楞伽》

《楞伽》,这里指《楞伽经》,全称《楞伽阿跋多罗宝经》(南朝刘宋求那跋陀罗译,4卷),亦称《入楞伽经》(元魏菩提流支译,10卷)、《大乘入楞伽经》(唐朝实叉难陀译,7卷)。《楞伽经》是初期禅,尤其是北宗禅比较关注的经典,以至于有学者甚至提出南北两宗的分化体现于"《楞伽(经)》"与"《金刚(经)》"的对立①。毋庸置疑,北宗禅,尤其是玄赜-净觉一系是比较关注《楞伽经》的,这在《楞伽师资记》中便可窥一斑。②

20. 化灭

化灭,也即坐化、圆寂,是佛教对"死"的一种委婉说法。佛教以缘起性空理论,认为一切事物缘聚则生,缘散则灭,是为化灭。

21. 卒哭

卒哭,古代汉族丧礼仪式之一。卒即终止,卒哭祭为终止"无时之哭"的祭礼,自此改为朝夕各一次哭奠,称"有时之哭"。在中国古代,孝

---

① "金刚"与"楞伽"的对立是自胡适博士以降比较盛行的观点。胡适博士甚至认为,六祖革命实际上是"金刚"(般若宗)革了"楞伽"(楞伽宗)的命。见欧阳哲生编:《胡适文集》第5册,北京大学出版社,1998年,第191页。北宗禅关注《楞伽经》,并不意味着排斥《金刚经》,相反,北宗禅僧对般若类经典也甚为关注。净觉于727年应金州司户尹玄度等人的邀请而为《金刚般若波罗蜜多心经》作注释,并由李知非作序。《注〈心经〉》虽然仅是一部注疏,但相当重要,它反映了净觉乃至玄赜一系对般若经的理解乃至态度。由于该经早于神会"北伐",对于南宗乃至后来学者所谓的"金刚"与"楞伽"的对立都是一个很好的反证。关于此问题的详细讨论,参见拙著《禅宗北宗研究》,宗教文化出版社,2013年,第154—155页。

② 在《楞伽师资记》中,净觉在列举禅宗祖师时,将四卷本《楞伽经》的译者求那跋陀罗禅师置于达摩禅师之前,这在初期禅宗史系谱上是比较罕见的。不仅如此,净觉在《楞伽师资记》中,在阐述各位祖师禅法思想时,也多涉及《楞伽经》。相较而言,《传法宝纪》的作者杜朏则略有不同,他甚至在《传法宝纪·慧可传》结尾处言:"此经(《楞伽经》)四世之后,变成名相,悲哉!"(参见拙著《禅宗北宗敦煌文献录校与研究》,江苏人民出版社,2018年,第45页。)

子自父母始死至殡,哭不绝声;殡后思及父母即哭,不择时间,称"无时之哭"。①

22. 二祥

二祥,丧祭名,指小祥和大祥。据钱玉林等主编的《中华传统文化辞典》所示,小祥是中国古代汉族丧礼仪式之一,是在父母丧后一周年举行的祭礼。此后,孝子则渐除丧服,换上吉服等。大祥也是中国古时汉族丧礼仪式之一,与小祥相对应,是指在父母丧后两周年举行的祭礼。小祥祭礼与卒哭相似,而大祭则设于宗祠。②

23. 额珠

额珠,本指念珠,以此比喻人人本来具有的佛性。《宗镜录》有言:"谓颠倒故不证,岂得言无?如壮士迷于额珠,岂是肤中无宝?谓若先无,离倒宁有。既离则现,明本不无。如贫得珠,非今授与。"③

24. 心镜

心镜,佛教术语,指清净之心。以清净之心如明镜,能照万象而论。宗密在《圆觉经大疏释义钞》中有言:

> 疏心如净明镜者:一切众生,自心本似净明之镜,不似染尘之镜。但六祖能和尚,慧目肃清,能照曜之;愚夫迷倒,不能照之。故六祖可传心印,非六祖心独如镜净也。若约缘起门中,渐断习气,随俗说之,不妨如拂拭尘尽,心镜方明。④

---

① 钱玉林、黄丽丽主编:《中华传统文化辞典》,上海大学出版社,2009年,第580页。
② 钱玉林、黄丽丽主编:《中华传统文化辞典》,上海大学出版社,2009年,第580—581页。
③ [宋]延寿集:《宗镜录》卷十四,《大正藏》第48册,第489页上。
④ [唐]宗密述:《圆觉经大疏释义钞》卷九,《续藏经》第9册,第651页中。

心镜之喻是中国佛学,尤其是北宗禅常用之词,也是南宗禅批判北宗禅的一个问题,所谓"菩提本无树,明镜亦非台"①。严挺之在《大唐中岳东闲居寺故大德珪和尚纪德幢》有言:"(元珪和尚)常饮味《楞伽经》,以为心镜。"②

25. 不入度门

度门,本指度门寺(之形),这里当泛指度门之法,也即以神秀禅师为代表的度门僧德所传之法。所谓"不入度门,孰探法要",也即不入神秀禅师禅门,怎能探得禅法之要领? 这是张说对神秀禅法的推崇。

26. 无所得

无所得,佛教术语,以法性本空,故言不可得,修道者内心也不存有得之念。净觉在《楞伽师资记》序言中有言:

《放光经》云:"菩提从有得耶?"

答曰:"不也。"

"从无得耶?"

答曰:"不也。"

"从有无得耶?"

答曰:"不也。"

"离有无得耶?"

答曰:"不也。"

"是义云何得?"

---

① [宋]宗宝编:《六祖大师法宝坛经》卷一,《大正藏》第48册,第349页上。
② [唐]智严:《大唐中岳东闲居寺故大德珪和尚纪德幢》,[清]陆增祥:《八琼室金石补正》卷五十三,文物出版社,1985年,第362页。

答曰:"无所得。得无所得者,谓之得菩提也。"①

可见,无所得也即"无得",以无所得心,而冥符无为之法。所以,当"梁武帝问以有为之事",达摩禅师因"贵传径门心要",从而两人"机教相乖",可谓"若水投石"也。②

---

① 韩传强:《禅宗北宗敦煌文献录校与研究》,江苏人民出版社,2018年,第288页。
② [宋]赞宁:《唐荆州当阳山度门寺神秀传》,《宋高僧传》卷八,《大正藏》第50册,第756页上。

第三章
《大通禅师碑》意义关涉

前文对《大通禅师碑》的文本、内容进行了梳理,这是研究《大通禅师碑》的基础。在此基础上,我们还需要讨论的问题是,《大通禅师碑》的出现,对大通禅师本人、对其禅门乃至对禅宗史和佛教史有何意义?这是本章所探讨的问题所在。

第一节 《大通禅师碑》与释神秀

《大通禅师碑》是张说应当时度门寺大众僧撒、昙振、一行等禅师之邀而作,是对神秀生平、禅法、行谊的高度概括,也是后世研究神秀禅师禅法思想的重要文本依据。那么,《大通禅师碑》所述神秀禅师行谊与其他文献所述神秀禅师事迹有何分别?下面我们就此论题而展开讨论,以多维视角走近神秀禅师。

一、碑铭所述神秀禅师

讨论《大通禅师碑》中所述的神秀禅师,不仅涉及碑铭的内容,实际上还关涉一个基本问题,那就是这个碑铭所作的时间问题。对于这一问题,很有必要展开深入讨论。

在《艺风堂金石文字目》一书中,关于《大通禅师碑》的记载如下:"《大通禅师碑》,张说撰,卢藏用分书并额,开元十年四月,在湖北当阳

度门寺。"①实际上,与《大通禅师碑》相关的文本还有以下几种:

1.《答张燕公书》

《答张燕公书》收于《全唐文》卷九百一十四,陈述了度门寺僧众邀请张说为神秀作碑文一事,其中所论时间值得关注。

> 度门寺大众僧撤、昙振、达摩、一行等白:令公檀越,世相遄迈,时节如驰。自先师因待不居,遂逾十载,塔树将列,禅庭坐芜,永怀正服,终天何及?惟师降命总依,授斯全德,普门纪述,有出常规。每恨杜氏多涉于说通,间君屡伤于假气,内惟秘旨,惟觉才难(按熊校本作"弥觉千难")。由是法寿几迁,名身莫择。自往岁佥议,令以斯意仰凭,而凤池务总,未果成愿。
> 近承衔朝寄,出镇岳阳,乘闲论道,此会难失,所以思义禅师重往谘觐。幸蒙法生之义,莫逆于心,爰就斯文,流之后死。然夫发挥浮道,宛若现观,幽赞佛持,动符先轨。不图述作之盛而至于斯乎?自非深起明门,亦无以臻于此耳。仰以今月月半,洁以清齐(按熊校本作"斋"),凡我法流,嘉兹日陈之影塔,宣布至言,人怀感叹,有兼常节。是亦存没之大事毕矣,人天之荣观备矣!倘灵峰可作,本地常存,必当流鉴远缘,怡然动色,讵祇传声梵世,以庆法轮之裔(按熊校本作"宏")哉!僧彻等久席圆闻,宁穷智叶?载怀遗偈,益恋初因;言荷末光,弥惭引曜。空思厚德,不知何以报之!唯应极力勉心,以存所务。倘一至之功可必,十方之助不行,当回此庶恩,以现祈花应耳。敬白。②

---

① [清]缪荃孙:《艺风堂金石文字目》卷五,《石刻史料新编》第1辑第26册,台北新文丰出版公司,1982年,第19598页。
② [清]董诰等编:《全唐文》第4册,上海古籍出版社,1990年,第4223页;熊飞校注:《张说集校注》第4册,中华书局,2013年,第1432页。

若文中所言"自先师因待不居,遂逾十载,塔树将列,禅庭坐芜,永怀正服,终天何及"无误的话,那么,此文当作于神秀圆寂之后的十余年间。而从文中所言张说"近承衔朝寄,出镇岳阳"来看,此文当作于张说出守岳阳之后。根据熊飞所作《张说年谱简编》所示,张说出守岳阳当在开元三年(715)四月十二日,"坐事贬岳州刺史",并于"六月一日至岳州上任"。① 据此而言,《大通禅师碑》所作时间不早于开元三年(715)四月,也即张说被贬岳阳之前。

2.《与度门禅众书并僧一行答》

与《答张燕公书》所述时间相似,张说所作《与度门禅众书并僧一行答》一文同样涉及为神秀禅师作碑文事宜,兹整理如下:

> 弟子张说稽首禅众大和尚:纵德自天,应期宏道。受先佛意,开后佛心,度无数人。无人度者,一从迁灭,十载逾兹。茶铛倘存,夔与应朽,静言法侣,长悲若何!往岁令实禅师伏作碑纪,寻在枢密,久无闲空。复以凡识而揆圣智,麄(粗)语而采妙境,心之重难,忽焉迟暮。顷蒙朝贷,移守岳阳。思议禅师远檝(楫)存顾,兼致一行禅师雅意,以为无易斯文;是用苦剧精至,仪形宗宰,叙乎无所之迹,缀以忘言之言。非直相体也存,固将传心无极。若无先师解颜于影塔,众圣称善于空中,惟彼上人,实为知我。
>
> 复次盛光之末,有引曜大声之余致虚响。今禅师神足,零落将半;而混沌邯郸,假托非少。宜篆法子,列次碑阴,故事则然,起予何远?《仲尼家语》,既著弟子之录,袁逢庙讼,直取躬作之诗。和尚叹美,东山当有短偈,敬冀刊刻,永贻终古。此二者,亦诸德之素怀,禅门之指要。说白。②

---

① 熊飞校注:《张说集校注》第4册,中华书局,2013年,第1696页。
② 熊飞校注:《张说集校注》第4册,中华书局,2013年,第1431—1432页。

从"无人度者,一从迁灭,十载逾兹"可以佐证《答张燕公书》所言"自先师因待不居,遂逾十载"之言。不仅如此,文中所言"顷蒙朝贷,移守岳阳""思议禅师远槩(椷)存顾,兼致一行禅师雅意,以为无易斯文"则进一步证明《大通禅师碑》当作于张说谪守岳阳之际。就此而论,《大通禅师碑》所作时间不早于开元三年六月一日。

3.《谢赐御书大通禅师碑额状》

如果说《答张燕公书》《与度门禅众书并僧一行答》等证明了《大通禅师碑》所作时间不早于开元三年即715年,那么《谢赐御书大通禅师碑额状》则是对这一问题的进一步推演。

> 右:内侍尹凤翔宣示御书大通禅师碑额六字,画起平云,点蹲芒玉,戈矛攒倚,鸾鹤交飞,神功发于至想,睿思成于元德。实谓天龙捧持,虚空称赞,逝者如在,荐福知归。臣栖志禅门,撰碑灵塔,幸遇圣情崇道,御书假贷,刻星辰于嘉石,烂日月于封邱。感极悲生,恩深无答,臣无任望外殊泽之至。①

据《艺风堂金石文字目》所载,"《大通禅师碑》,张说撰,卢藏用分书并额,开元十年四月,在湖北当阳度门寺"②。据此而言,《大通禅师碑》碑文及碑额皆是卢藏用所书丹。而从《谢赐御书大通禅师碑额状》可以看出,这是张说致信当朝皇帝御书"大通禅师碑额"之事。换言之,《大通禅师碑》的碑额为唐玄宗所赐并御书,而非卢藏用书丹。

若以上所论无误,那么,有一个时间问题需解决,那就是卢藏用去世的时间需要确定。根据《旧唐书》卷九十四所载,卢藏用于"开元初,

---

① [清]董诰等编:《全唐文》第2册,上海古籍出版社,1990年,第997页。
② [清]缪荃孙:《艺风堂金石文字目》卷五,《石刻史料新编》第1辑第26册,台北新文丰出版公司,1982年,第19598页。

起为黔州都督府长史,兼判都督事,未行而卒,年五十余"①。这里所言卢藏用卒于开元初,这个时间是比较模糊的。因"开元"始于713年,那么,卢藏用卒于"开元初",这与他书写《大通禅师碑》碑文在时间上并不矛盾。这里需要检视卢藏用之卒的具体时间。目前所见,各种文献对卢藏用所卒时间记述相对都比较模糊。喻朝刚在《中国古代诗歌辞典》中对卢藏用的生平介绍也是以推测为主,其援引了《旧唐书》"开元初(714),起为黔州长史,未行而卒"。② 何以将"开元初"就定为"714年",也是比较含糊的。其他史料或曰"生卒年不详",或曰"约生于664年,卒于713年",诸如此类,皆为推测,未见确切史料佐证。

如果卢藏用卒时在开元三年即715年前后的话,那么,则需要对《艺风堂金石文字目》所记"《大通禅师碑》,张说撰,卢藏用分书并额,开元十年四月,在湖北当阳度门寺"③这一信息进行分析。换言之,根据《艺风堂金石文字目》所记,《大通禅师碑》(碑文与碑额)成于开元十年(722)四月,笔者认为,这里"开元十年四月"并非碑文、碑额所作时间,而是立碑时间,也即《大通禅师碑》在度门寺立碑时间是在开元十年四月。

还有一点值得特别注意的是,目前所见《大通禅师碑》拓本,无论是度门寺藏本,还是利川博物馆藏本,碑题下都有"中(书令)燕国公范阳张说文、黄门侍郎范阳卢藏用书"等字样。对于张说而言,拓本中"书令"两字模糊,仅存"中",而"黄门侍郎范阳卢藏用书"保存完整。根据《张说年谱简编》所示,张说于开元元年(713)癸丑七月乙亥"以尚书左丞为检校中书令"④,而在同年十一月八日,"玄宗令银青光禄大夫、守中

---

① [后晋]刘昫等:《旧唐书》第9册(卷九十四),中华书局,1975年,第3004页。
② 喻朝刚、张连第等主编:《中国古代诗歌辞典》,四川人民出版社,1989年,第110页。
③ [清]缪荃孙:《艺风堂金石文字目》卷五,《石刻史料新编》第1辑第26册,台北新文丰出版公司,1982年,第19598页。
④ 熊飞校注:《张说集校注》第4册,中华书局,2013年,第1693页。

书令、上国柱、燕国公说等两省侍臣讲读,希以微言匡菲德者,并以此为'朕之休也'"①。可见,张说作为中书令、燕国公的身份始于开元元年即713年,所以,就此而论,此碑文所作时间不应早于713年。

就卢藏用而言,《旧唐书》有载:"景龙中,为吏部侍郎。藏用性无挺特,多为权要所逼,颇隳公道。又迁黄门侍郎,兼昭文馆学士,转工部侍郎,尚书右丞。"②可见,卢藏用作为黄门侍郎,当在"景龙中"以后,也即至少是在707年之后。

根据张说、卢藏用的所任官职及其在《大通禅师碑》标题下所书身份,可以判断,该碑文所作时间不早于707年,不迟于715年,即在707—715年间,确切地说,或在713—715年间。

厘清了《大通禅师碑》所作时间,那么,该碑对神秀禅师有何意义呢?换言之,该碑对研究神秀禅师有何史料价值?

首先,该碑文是研究神秀禅师生平履历的重要史料。通过史料检索可知,在《楞伽师资记》《传法宝纪》《旧唐书》《宋高僧传》《景德传灯录》等文本中都载有神秀禅师的相关传记。有些史料中以"惠秀"之名(如《宋高僧传》中有《唐洛京天宫寺惠秀传》)而出现,但经过分析和检视,所论实为神秀禅师其人。在这些史料中,目前所知,成书最早的当属《楞伽师资记》《传法宝纪》,即便如此,这两份史料成书的时间也大致在《大通禅师碑》所作时间前后,③其他史料更都要晚于《大通禅师碑》很久。据此而论,《大通禅师碑》所述内容是研究神秀禅师生平履历的重要史料。

在《大通禅师碑》中,我们可以看到,神秀禅师"尊称大通,讳神秀,

---

① 熊飞校注:《张说集校注》第4册,中华书局,2013年,第1694页。
② [后晋]刘昫等:《旧唐书》第9册(卷九十四),中华书局,1975年,第3004页。
③ 关于《楞伽师资记》《传法宝纪》成书世间,杨曾文先生等学者曾有相关讨论和探究,笔者在《禅宗北宗研究》一书中也有相应梳理,一般认为《楞伽师资记》约成书于712—716年间,而《传法宝纪》则可能成书于716—732年间。关于此问题的详细探讨,参见杨曾文:《唐五代禅宗史》,中国社会科学出版社,1999年,第136、142页;拙著《禅宗北宗研究》,宗教文化出版社,2013年,第481—482页。

本姓李",为"陈留尉氏人"。神秀禅师在"逮知天命之年"前往蕲州参诣忍禅师,在五祖弘忍法师处"服勤六年"后"涕辞而去,退藏于密",在"仪凤中""始隶玉泉",于"久视年中"由武则天诏请至京,并于"神龙二年二月二十八日夜中","顾命扶坐,泊如化灭"。同时,通过《大通禅师碑》,我们不仅知晓"禅师武德八年乙酉受具于天宫,至是年丙午复终于此寺,盖僧腊八十矣",还知道神秀禅师"生于隋末,百有余年","未尝自言,故人莫审其数也"。可见,《大通禅师碑》给我提供了神秀禅师一生,尤其是至五祖弘忍处习道后的行动轨迹,并将神秀禅师生平履历基本呈现于众。可以说,《大通禅师碑》对神秀禅师生平履历的介绍,是后出文献诸如《旧唐书》《宋高僧传》《景德传灯录》所载神秀禅师传记的源头史料之一,也与同时代所出《楞伽师资记》《传法宝纪》中的神秀禅师传记有互补之功。

其次,该碑文是研究神秀禅师禅法思想的重要史料。关于神秀禅师禅法思想,《楞伽师资记·神秀传》叙述最为详细,《传法宝纪》《旧唐书》《宋高僧传》《景德传灯录》等史料对神秀禅法思想的记述则相对较为零散,而《大通禅师碑》则是后出史料记述神秀禅师禅法思想的重要参考文本,从《大通禅师碑》中,我们可以看到张说对神秀禅法思想的概括,这对后出史料记述神秀禅师禅法思想产生了重要影响。

在《大通禅师碑》中,张说记述神秀禅师"心洞九漏,悬解先觉",这可以说是张说对神秀禅师禅法思想的总体评价。神秀禅师"少为诸生"时便"游问江表",不仅熟悉"《老》《庄》玄旨,《书》《易》大义",而且对"三乘经论,四分律仪"谙熟于心,可谓"说通训诂,音参吴晋",由此可见神秀思想的根基与广博。神秀禅师参诣弘忍禅师后,深得五祖弘忍禅师的认可,可谓"东山之法,尽在秀矣"。神秀禅师的禅法思想不仅得到五祖弘忍的高度赞许,也得到僧众的高度认可,所谓"岐阳之地,就去成都,华阴之山,学来如市","后进得以拂三有,超四禅,升堂七十,味道三千"。

关于神秀的禅法，张说有言："尔其开法大略，则专念以息想，极力以摄心"，"趣定之前，万缘尽闭；发惠之后，一切皆如"。对于神秀禅师所奉经论，张说则言："（神秀禅师）特奉《楞伽》，递为心要。"

中书令张说对神秀禅师"尝问法，执弟子礼"[①]，这使得张说对神秀禅师禅法思想的把捉较为精准，后出《宋高僧传》等文献对神秀禅师禅法思想的记述，基本沿着张说在《大通禅师碑》中所记而展开。

再次，该碑文是研究神秀禅师社会关系的重要史料。为了"避嫌"，历史的书写原则是不写"当代史"，这确实使历史的书写保持了相对客观性，却也在一定程度上"遗忘"了不少细节。张说作为神秀禅师同时代人，并与神秀禅师有如此亲密的关系，其对神秀禅师的活动，尤其是社会关系的了解，相对比较详细。因此，《大通禅师碑》也是了解神秀禅师社会关系的重要文本。

根据张说在《大通禅师碑》中所记，从法缘来说，"如来有意传要道，力持至德，万劫而遥付法印"，"谁其弘之？实大通禅师其人也"。不仅如此，张说还在碑文中将初期禅的传承谱系列举出来，"自菩提达摩天竺东来，以法传惠可，惠可传僧璨，僧璨传道信，道信传弘忍"。而神秀禅师在弘忍禅师处"服勤六年，不舍昼夜"后，弘忍禅师有"东山之法，尽在秀矣"，并"命之洗足，引之并坐"。可见，从法缘而言，神秀禅师是如来"遥付法印"之人，也是五祖弘忍禅师付法衣钵之人。

就俗世关系而论，既有武则天"诏请而来"，又有"两京法主，三帝国师"之尊。在神秀禅师圆寂后，不仅"诏使吊哀，侯王归赗"，中宗还册谥"大通"之号。遗体送别时，不仅"宸驾临诀至午桥，王公悲送至伊水，羽仪陈设至山龛"，而且"太常卿鼓吹导引，城门郎护监丧葬"，更有"天子出龙门，泫金衬，登高停跸，目尽回舆"。可谓"自伊及江，扶道哀候，幡花百辇，香云千里"。

---

① ［宋］赞宁：《宋高僧传》卷八，《大正藏》第50册，第755页下—756页中。

可见,无论在法缘还是世情方面,神秀禅师都是比较圆满的,这种圆满是对神秀禅师在僧俗两界被认可的呈现,也是北宗禅在当时僧俗两界被接受的一种隐性彰显。

二、传记所记神秀禅师

如前所述,在各类史料中载有神秀禅师传记者,除了敦煌文献《楞伽师资记》《传法宝纪》以外,还有《旧唐书》所载神秀禅师传记以及《宋高僧传》《景德传灯录》等灯史所载神秀禅师传记。在此拟对《楞伽师资记·神秀传》①《传法宝纪·神秀传》②《旧唐书·神秀传》③以及《宋高僧传》卷八④、《景德传灯录》卷四⑤所载神秀禅师传记进行整理和讨论。

1.《楞伽师资记》所载神秀禅师传记

目前所知,除了《大通禅师碑》外,《楞伽师资记》所载神秀禅师传记,是最早记述神秀禅师相关信息的早期文本。文本互证也有利于我们进一步理解《大通禅师碑》相关内容。

楞伽师资记·神秀传⑥

第七,唐朝荆州玉泉寺大师,讳秀;安州寿山寺大师,讳赜;洛

---

① 韩传强:《禅宗北宗敦煌文献录校与研究》,江苏人民出版社,2018年,第332—335页。
② 韩传强:《禅宗北宗敦煌文献录校与研究》,江苏人民出版社,2018年,第48—49页。
③ [后晋]刘昫等:《旧唐书》第16册(卷一百九十一),中华书局,1975年,第5109—5111页。
④ [宋]赞宁:《宋高僧传》卷八,《大正藏》第756页上。
⑤ [宋]道原:《景德传灯录》卷四,《大正藏》第51册,第231页中—下。
⑥ 此标题为笔者所加。

州嵩山会善寺大师,讳安。此三大师,是则天大圣皇后、应天神龙皇帝、太上皇,前后为三主国师也。并忍大师授记云:"后传吾道者,只可十耳。"俱承忍禅师后。

按:安州寿山和上,撰《楞伽人法志》云:"其秀禅师,俗姓李,汴州尉氏人。远涉江上,寻思慕道,行至蕲州双峰山忍禅师所,受得禅法,禅灯默照,言语道断,心行处灭,不出文记。后居荆州玉泉寺,大足元年,召入东都,随驾往来二京教授,躬为帝师。"

则天大圣皇后,问神秀禅师曰:"所传之法,谁家宗旨?"

答曰:"禀蕲州东山法门。"

问:"依何典诰?"

答曰:"依《文殊说般若经》'一行三昧'。"

则天曰:"若论修道,更不过东山法门。"以秀是忍门人,便成口实也。

应天神龙皇帝神龙元年三月十三日,敕:禅师迹远俗尘,神游物外,契无相之妙理,化有结之迷途,定水内澄,戒珠外彻,弟子归心释教,载伫津梁,冀启法门,思逢道首。禅师昨欲归本州者,不须幸副翘仰之怀,勿滞枌榆之恋。遣书示意,指不多云。禅师二帝钦承,两京开化,朝野蒙益,度人无数。敕于本生大村李为置报恩寺,以神龙二年二月廿八日,不疾宴坐,遗嘱三字云:"屈曲直。"便终东都天宫寺,春秋一百余岁。合城四众,广饰宫幢,礼葬龙门山,驸马、都尉、公主,咸设祭文。

敕:故秀禅师,妙识外融,灵机内彻。探不二之奥,独得髻珠;守真一之门,孤悬心镜。至灵应物,色会神明,无为自居,尘清累遣。其颐转慕,精爽日聪,方将洞前识之玄微,导群生之耳目,不意大悲同体,委化从权,一伤泥日之论,长想意传之教,虽理绝名相,无待于追崇,而念切师资,愿存于荣饰,可赠为"大通禅师"。

又敕:宜差太子洗马卢正权充使,送至荆州,安置度门人,寺额亦付正权,将回日奏闻。门人赞曰:"至矣我师!道穷真谛,清净解脱,圆明实际,演无上道,开无上惠,迹泯一如,心忘三世,假言显理,顺理而契,长为法舟,济何所济。"

  大师云:"《涅槃经》说,'善解一字,名曰律师',文出经中,证在心内。"

  又云:"此心有心不?心是何心?"

  又云:"见色有色不?色是何色?"

  又云:"汝闻打钟声,打时有?未打时有?声是何声?"

  又云:"打钟声,只在寺内有,十方世界亦有钟声不?"

  又云:"身灭影不灭,桥流水不流。我之道法,总会归'体用'两字,亦曰'重玄门',亦曰'转法轮',亦曰'道果'。"

  又云:"未见时见,见时见更见。"

  又云:"《璎珞经》云'菩萨照寂',佛寂照。"

  又云:"芥子入须弥,须弥入芥子也。"

  又见飞鸟过,问云:"是何物?"

  又云:"汝向了了树枝头坐禅去时,得不?"

  又云:"汝直入壁中过,得不?"

  又云:"《涅槃经》说,'有无边身菩萨,从东方来'。菩萨身既无边际,云何更从东方来?何故不从西方来?南方、北方来?可即不得也。"①

从《楞伽师资记》对神秀禅师的记述来看,其与《大通禅师碑》有诸多相似之处,诸如赴双峰山拜诣弘忍禅师,寻师慕道,在两京传法受到的高度礼遇以及圆寂后僧俗的悲伤与不舍。同时,《楞伽师资记》也将神秀禅师的禅法思想更加清晰地呈现出来,在某些问题的陈述上,其比《大

---

① 韩传强:《禅宗北宗敦煌文献录校与研究》,江苏人民出版社,2018年,第332—335页。

通禅师碑》更加详细。神秀禅师遗嘱三字"屈曲直"也是对《大通禅师碑》内容的重要补充。

2.《传法宝纪》所载神秀禅师传记

相较于《大通禅师碑》的撰者张说、《楞伽师资记》的编撰者净觉来说,《传法宝纪》的撰者杜朏虽仰慕神秀禅师,但并非其弟子。基于这样一种关系,杜朏对神秀禅师的记述,或许相对会更为"客观"。

传法宝纪·神秀传①

释神秀,大梁人,姓李氏。在童稚时,清惠敏悟,特不□好弄,即有成德。年十三,属隋季王世充扰乱,河南、山东饥疫,因至荥阳义仓请粮。遇善知识出家,便游东吴,转至闽,游罗浮、东、蒙、台、庐诸名山,嘉遁无不毕造。学究精博,探《易》《道》,昧黄老及诸经传,自三古微赜,靡不洞习。廿受具戒,而锐志律仪,渐修定惠。至年卌六,往东山,归忍禅师。一见重之,开指累年。道入真境,自所证,莫有知者。后随迁适,潜为白衣,或在荆州天居寺十所年,时人不能测。

仪凤中,荆楚大德数十人,共举度住当阳玉泉寺,及忍禅师临迁化,又曰"先有付嘱",然十余年间,尚未传法。自如禅师灭后,学徒不远万里,归我法坛,遂开善诱,随机弘济,天下志学,莫不望会。

久视中,则天发中使,奉迎洛阳。道俗翻花,幢盖充溢衢路。乘栟榈上,从登御殿,顶拜长跪,瞻奉洁斋。授戒宫女,四会归仰,有如父母焉。王公已下,歙然归向,孝和(时)累求还出,主上固请,既不遂归事。诸弟子因窃视,知欲见灭,或时密有委嘱。

神龙二年二月廿八日,端坐怡然,迁化于洛阳天宫寺,归于玉

---

① 此标题为笔者所加。

泉建塔焉。而尊师重道,礼不问年,既隋季出家,当寿过百岁矣。往居当阳玉泉时,尝于所住兰若,顾谓诸弟子曰:"吾死后,当安厝此。"及至将奄化前数日,绕其欲立塔所,平地周回,生白莲花数十茎。自后复于塔前槲树上,生果子数枚,如李实,甚有味。于塔所,孝和以置度门寺,尊曰"大通和上"。睿宗复出钱三十万修崇焉。①

相较于《大通禅师碑》及《楞伽师资记》,《传法宝纪》对神秀的记述更为简要,但在简短几段文字中,我们可以捕捉到很多重要信息,诸如神秀于"年十三,属隋季王世充扰乱",导致"河南、山东饥疫",神秀禅师"因至荥阳义仓请粮";"廿受具戒,而锐志律仪,渐修定惠";"至年卅六,往东山,归忍禅师";"及忍禅师临迁化,又曰'先有付嘱',然十余年间,尚未传法";"后随迁适,潜为白衣"。这些信息不仅是对《大通禅师碑》的有效补充,也为研究神秀禅师提供了重要的文本资料。杨曾文教授根据"属隋季王世充扰乱"判定神秀禅师出生于607年,并进一步判定《迎秀禅师表》所言神秀禅师应诏赴洛阳当在700年。② 据此可以进一步推出,"至年卅六,往东山,归忍禅师"则是在651年前后。至于"及忍禅师临迁化",而"又曰'先有付嘱',然十余年间,尚未传法"则又为神秀禅师行迹设置了一层阴霾。"先有付嘱",内容为何,结合《传法宝纪》所述内容,或付嘱法如禅师传法。而"后随迁适,潜为白衣",此论一方面诠释了《大通禅师碑》所论"于是涕辞而去,退藏于密"的"原因"与"方向",另一方面也为神秀禅师的生平履历增加了更多扑朔迷离的内容。

3.《旧唐书》所载神秀禅师传记

在《旧唐书·神秀传》中,不仅载有神秀禅师传记,还载有达摩禅

---

① 韩传强:《禅宗北宗敦煌文献录校与研究》,江苏人民出版社,2018年,第48—49页。
② 王尧主编:《佛教与中国传统文化》上册,宗教文化出版社,1997年,第438页。

师、弘忍禅师、慧能禅师、普寂禅师以及义福禅师的附传,笔者于此一并摘录整理以示之。

僧神秀,姓李氏,汴州尉氏人。少遍览经史,隋末出家为僧。后遇蕲州双峰山东山寺僧弘忍,以坐禅为业,乃叹伏曰:"此真吾师也。"便往事弘忍,专以樵汲自役,以求其道。

昔后魏末,有僧达摩者,本天竺王子,以护国出家,入南海,得禅宗妙法,云自释迦相传,有衣钵为记,世相付授。达摩赍衣钵航海而来,至梁,诣武帝。帝问以有为之事,达摩不说。乃之魏,隐于嵩山少林寺,遇毒而卒。其年,魏使宋云于葱岭回,见之,门徒发其墓,但有衣履而已。达摩传慧可,慧可尝断其左臂,以求其法,慧可传璨,璨传道信,道信传弘忍。

弘忍姓周氏,黄梅人。初,弘忍与道信并住东山寺,故谓其法为东山法门。神秀既师事弘忍,弘忍深器异之,谓曰:"吾度人多矣,至于悬解圆照,无先汝者。"

弘忍以咸亨五年卒,神秀乃往荆州,居于当阳山。则天闻其名,追赴都,肩舆上殿,亲加跪礼,敕当阳山置度门寺以旌其德。时王公已下及京都士庶,闻风争来谒见,望尘拜伏,日以万数。中宗即位,尤加敬异。中书舍人张说尝问道,执弟子之礼,退谓人曰:"禅师身长八尺,庞眉秀耳,威德巍巍,王霸之器也。"

初,神秀同学僧慧能者,新州人也。与神秀行业相埒。弘忍卒后,慧能住韶州广果寺。韶州山中,旧多虎豹,一朝尽去,远近惊叹,咸归伏焉。神秀尝奏则天,请追慧能赴都,慧能固辞。神秀又自作书重邀之,慧能谓使者曰:"吾形貌短陋,北土见之,恐不敬吾法。又先师以吾南中有缘,亦不可违也。"竟不度岭而死。天下乃散传其道,谓神秀为北宗,慧能为南宗。

神秀以神龙二年卒,士庶皆来送葬。有诏赐谥曰"大通禅师"。

又于相王旧宅置报恩寺,岐王范、张说及征士卢鸿一皆为其碑文。

神秀卒后,弟子普寂、义福,并为时人所重。

普寂姓冯氏,蒲州河东人也。年少时遍寻高僧,以学经律。时神秀在荆州玉泉寺,普寂乃往师事,凡六年,神秀奇之,尽以其道授焉。久视中,则天召神秀至东都,神秀因荐普寂,乃度为僧。及神秀卒,天下好释氏者咸师事之。中宗闻其高年,特下制令普寂代神秀统其法众。开元十三年,敕普寂于都城居止。时王公士庶,竞来礼谒。普寂严重少言,来者难见其和悦之容,远近尤以此重之。二十七年,终于都城兴唐寺,年八十九。时都城士庶曾谒者,皆制弟子之服。有制赐号为"大照禅师"。及葬,河南尹裴宽及其妻子,并衰麻列于门徒之次,士庶倾城哭送,间里为之空焉。

义福姓姜氏,潞州铜鞮人。初止蓝田化感寺,处方丈之室,凡二十余年,未尝出宇之外。后隶京城慈恩寺。开元十一年,从驾往东都,途经蒲、虢二州,刺史及官吏士女,皆赍幡花迎之,所在途路充塞。以二十年卒,有制赐号"大智禅师"。葬于伊阙之北,送葬者数万人。中书侍郎严挺之为制碑文。

神秀,禅门之杰,虽有禅行,得帝王重之,而未尝聚徒开堂传法。至弟子普寂,始于都城传教,二十余年,人皆仰之。①

《旧唐书·神秀传》中所述神秀禅师本人内容并不多,而是在弘忍传、慧能传、普寂传、义福传等相关传记中侧面呈现神秀禅师的相关信息。有一点值得注意的是,《旧唐书》言"岐王范、张说及征士卢鸿一皆为其碑文",并言"神秀,禅门之杰,虽有禅行,得帝王重之,而未尝聚徒开堂传法",这些信息与《大通禅师碑》所述内容有些不符。如果说"岐王范、张说及征士卢鸿一皆为其碑文"是对其他文本的补充,那么,目前在现

---

① [后晋]刘昫等:《旧唐书》第16册(卷一百九十一),中华书局,1975年,第5109—5111页。

有资料中未见岐王范、征士卢鸿一所作的碑文。同时,说神秀禅师是"禅门之杰","虽有禅行,得帝王重之,而未尝聚徒开堂传法",这与《大通禅师碑》所言"岐阳之地,就去成都,华阴之山,学来如市""进得以拂三有,超四禅,升堂七十,味道三千",以及《传法宝纪》所言"自如禅师灭后,学徒不远万里,归我法坛,遂开善诱,随机弘济,天下志学,莫不望会"是相悖的。可见,文本的传承、史书的撰写,也难免会有遮蔽与误读。

4.《宋高僧传》所载《唐荆州当阳山度门寺神秀传》

在各类藏经所收神秀禅师传记中,《宋高僧传》所载《唐荆州当阳山度门寺神秀传》①内容最为详尽,其与《张燕公文集》《全唐文》等文献所载《大通禅师碑》所述内容基本一致。现整理如下。

唐荆州当阳山度门寺神秀传

释神秀,俗姓李氏,今东京尉氏人也。少览经史,博综多闻。既而奋志出尘,剃染受法。后遇蕲州双峰东山寺五祖忍师,以坐禅为务,乃叹伏曰:"此真吾师也。"决心苦节,以樵汲自役而求其道。

昔魏末有天竺沙门达磨者,得禅宗妙法,自释迦佛相传授,以衣钵为记,世相传付。航海而来,梁武帝问以有为之事,达磨贵传径门心要,机教相乖,若水投石。乃之魏,隐于嵩丘少林寺,寻卒。其年,魏使宋云于葱岭见之,门徒发其冢,但有衣履而已。以法付慧可,可付粲,粲付道信,信付忍,忍与信俱住东山,故谓其法为"东山法门"。

秀既事忍,忍默识之,深加器重,谓人曰:"吾度人多矣,至于悬解圆照,无先汝者。"忍于上元中卒,秀乃往江陵当阳山居焉。四海

---

① [宋]赞宁:《宋高僧传》卷八,《大正藏》第50册,第755页下—756页中。

缁徒,向风而靡;道誉馨香,普蒙熏灼。则天太后闻之,召赴都,肩舆上殿,亲加跪礼,内道场丰其供施,时时问道。敕于昔住山置度门寺,以旌其德。时王公已下,京邑士庶,竞至礼谒,望尘拜伏,日有万计。洎中宗孝和帝即位,尤加宠重。中书令张说,尝问法执弟子礼,退谓人曰:"禅师身长八尺,庞眉秀目,威德巍巍,王霸之器也。"

初,秀同学能禅师与之德行相埒,互得发扬,无私于道也。尝奏天后请追能赴都,能恳而固辞。秀又自作尺牍,序帝意征之,终不能起,谓使者曰:"吾形不扬,北土之人见斯短陋,或不重法。又先师记吾以岭南有缘,且不可违也。"了不度大庾岭而终。天下散传其道,谓秀宗为北,能宗为南,南北二宗,名从此起。

秀以神龙二年卒,士庶皆来送葬。诏赐谥曰"大通禅师"。又于相王旧邸造报恩寺,岐王范、燕国公张说、征士卢鸿(一),各为碑诔。服师丧者,名士、达官,不可胜纪。门人普寂、义福,并为朝野所重,盖宗先师之道也。

系曰:"夫甘苦相倾,气味殊致。甘不胜苦,则纯苦乘时;苦不胜甘,则纯甘用事。如是,则为药治病,偏重必离也。昔者达磨没而微言绝,五祖丧而大义乖,秀也拂拭以明心,能也俱非而唱道。及乎流化北方,尚修练之勤;从是分岐南服,兴顿门之说。由兹荷泽行于中土,以顿门隔修练之烦,未移盘石。将弦促象韦之者,空费躁心,致令各亲其亲,同党其党。故有卢奕之弹奏,神会之徙迁,伊盖施疗专其一味之咎也。遂见甘苦相倾之验矣。理病未效,乖竟先成。秖宜为法重人,何至因人损法?二弟子濯击师足,洗垢未遑,折胫斯见,其是之喻欤。"①

---

① [宋]赞宁:《宋高僧传》卷八,《大正藏》第50册,第755页下—756页中。

赞宁在《宋高僧传》之《唐荆州当阳山度门寺神秀传》中对神秀禅师的记述是相对公允的,这种公允既体现于其对神秀本人的评判,也体现于其对禅宗南北两派分野的评介。

其一,关于神秀坐禅观心的来源。自神会在滑台无遮大会提出"秀禅师教人'凝心入定,住心看净,起心外照,摄心内证'"①以后,以神秀为代表的北宗禅从此被贴上了"观心看净"的标签。当然,单就"观心看净"而言,其本身并非贬义,但经过神会"过度诠释"后,"观心看净"便成了一种禅病。而实际上,神秀此种禅法恰恰是在遇到弘忍后习得的,并得到弘忍的默许。正如赞宁在《宋高僧传》中所言:

> 后遇蕲州双峰东山寺五祖忍师,以坐禅为务,乃叹伏曰:"此真吾师也。"决心苦节,以樵汲自役而求其道。
> ……
> 秀既事忍,忍默识之,深加器重,谓人曰:"吾度人多矣,至于悬解圆照,无先汝者。"②

赞宁作为一名禅宗史书的编撰者,其立场是相对中立的,此语从赞宁笔下出,远比从神秀禅师相关各类碑铭、塔铭所出更具可信度。所以,神秀禅师的"坐禅观心"乃至由此而拓展的"观心看净"来自弘忍并得到弘忍的认可,而且赞宁在陈述神秀"坐禅观心"时,并没有任何批评之意。

其二,关于神秀与慧能同学关系。关于神秀与慧能的关系,《坛经》《菩提达摩南宗定是非论》《历代法宝记》等文本都有论及,但赞宁在《宋高僧传》中所述则相对更加中允:

> 初,秀同学能禅师与之德行相埒,互得发扬,无私于道也。尝

---

① 杨曾文编校:《神会和尚禅话录》,中华书局,1996年,第29—30页。
② [宋]赞宁:《宋高僧传》卷八,《大正藏》第50册,第756页上。

奏天后请追能赴都,能恳而固辞。秀又自作尺牍,序帝意征之,终不能起,谓使者曰:"吾形不扬,北土之人见斯短陋,或不重法。又先师记吾以岭南有缘,且不可违也。"了不度大庾岭而终。①

这里不仅对慧能与神秀的同学关系进行了明确,而且还对两者德行进行了评价:"秀同学能禅师与之德行相埒,互得发扬,无私于道也。"从中看不到能、秀两禅师的对峙,更看不到其他资料所述两者之间的"尔虞我诈"。相反,在赞宁看来,神秀和慧能恰似挚友,惺惺相惜,而神秀更是极力举荐慧能,敬贤若渴。

其三,关于禅宗南北两宗的分野。南北两宗的分野,至宋早已成为"事实",赞宁不仅知道,而且对此有自己的立场:"天下散传其道,谓秀宗为北,能宗为南,南北二宗,名从此起。"②赞宁在《唐荆州当阳山度门寺神秀传》中,承继《菩提达摩南宗定是非论》中对禅宗南北两宗的划分,但删除了神秀遣僧去慧能处"偷听"的情节。对于南北两宗后期出现的分歧,赞宁是非常痛心的,这是一个禅学史家对禅宗所特有的惋惜之情。

> 昔者达磨没而微言绝,五祖丧而大义乖,秀也拂拭以明心,能也俱非而唱道。及乎流化北方,尚修练之勤;从是分歧南服,兴顿门之说。由兹荷泽行于中土。以顿门隔修练之烦,未移盘石。将弦促象韦之者,空费躁心,致令各亲其亲,同党其党。故有卢奕之弹奏神会之徙迁,伊盖施疗专其一味之咎也。遂见甘苦相倾之验矣。理病未效,乖竟先成。祇宜为法重人,何至因人损法?二弟子濯击师足,洗垢未遑,折胫斯见,其是之喻欤。③

---

① [宋]赞宁:《宋高僧传》卷八,《大正藏》第50册,第756页上。
② [宋]赞宁:《宋高僧传》卷八,《大正藏》第50册,第756页上。
③ [宋]赞宁:《宋高僧传》卷八,《大正藏》第50册,第756中。

从赞宁的"昔者达磨没而微言绝,五祖丧而大义乖,秀也拂拭以明心,能也俱非而唱道"的记述中,看不出赞宁"偏向"禅宗南北两宗的任何一方,而"以顿门隔修练之烦,未移盘石。将弦促象韦之者,空费躁心,致令各亲其亲,同党其党"则凸显了赞宁的不满之情。赞宁最后以"二弟子濯击师足,洗垢未遑,折胫斯见,其是之喻欤"而结束《唐荆州当阳山度门寺神秀传》的撰写,可以想象高僧赞宁执笔在手,惋惜于心,此情此景,何其痛哉!

5.《景德传灯录》所载《神秀禅师传》

相较于《宋高僧传》所载《唐荆州当阳山度门寺神秀传》,《景德传灯录》所载《神秀禅师传》则较为简洁,既没有赞宁的情怀投入,也少了神秀生平履历中的诸多细节。在道原的《神秀禅师传》中,所述"大臣张说,尝问法要,执弟子之礼",以及神秀的"一切佛法,自心本有;将心外求,舍父逃走"这一偈语值得关注,有助于了解神秀与王公士庶的交往以及神秀禅师的禅法思想。

神秀禅师传①

　　北宗神秀禅师者,(《耶舍三藏志》云:"艮地生玄旨,通尊媚亦尊。比肩三九族,足下一毛分。")开封尉氏人也。姓李氏,少亲儒业,博综多闻。俄舍爱出家,寻师访道。至蕲州双峰东山寺,遇五祖忍师,以坐禅为务,乃叹伏曰:"此真吾师也。"誓心苦节,以樵汲自役而求其道。忍默识之,深加器重,谓之曰:"吾度人多矣,至于悟解,无及汝者。"

　　忍既示灭,秀遂住江陵当阳山。唐武后闻之,召至都下,于内道场供养,特加钦礼。命于旧山置度门寺,以旌其德。时王公士

---

① "神秀禅师传",底本原文作"第三十二祖忍大师第一世旁出法嗣"。

庶,皆望尘拜伏。暨中宗即位,尤加礼重。大臣张说,尝问法要,执弟子之礼。师有偈示众曰:

<blockquote>一切佛法,自心本有。

将心外求,舍父逃走。</blockquote>

神龙二年于东都天宫寺入灭,赐谥"大通禅师"。羽仪法物,送殡于龙门,帝送至桥,王公士庶皆至葬所。张说及征士卢鸿一,各为碑诔。门人普寂、义福等,并为朝野所重。

6.《宋高僧传》载《唐洛京天宫寺惠秀传》

根据《大通禅师碑》《传法宝纪》等文献所述,神秀禅师曾有一段"潜为白衣"的经历。虽然神秀禅师隐没十几年的原因,由于文献不足,目前尚无定论,但神秀禅师在其归隐那段时间使用"惠秀"或"道秀"之名则是很有可能的,在《为洛下诸僧请法事迎秀禅师表》中,宋之问使用的就是"玉泉寺僧道秀"①一词。与此相似,"惠秀"也可能是神秀禅师的称谓。相较于同样收录于赞宁所撰《宋高僧传》的《唐荆州当阳山度门寺神秀传》,该灯史中另一篇《唐洛京天宫寺惠秀传》则相对简洁,既没有述及"惠秀"禅师的师承关系,也略去了"惠秀"禅师的禅法思想。但由于传记中"惠秀禅师"经历与神秀禅师太过相似,因此笔者认为该文中的"惠秀"禅师,或许就是神秀禅师。兹整理如下。

唐洛京天宫寺惠秀传②

释惠秀,俗姓李氏,今东京陈留人也。出离尘垢,慕尚逍遥。

---

① 宋之问在《为洛下诸僧请法事迎秀禅师表》曾有言"迎玉泉寺僧道秀",见[唐]宋之问:《为洛下诸僧请法事迎秀禅师表》《全唐文》卷二百四十,上海古籍出版社,1990年,第1074页)。

② [宋]赞宁:《宋高僧传》卷十九,《大正藏》第50册,第835页中—下。

初以戒律饰躬,后以禅定为务。于荆郢之地,参问祖师。既了安然,回依洛邑天宫寺也。属则天频幸神都,而秀道声闻于后听,屡诏入礼重,其于悬记未然事,合同符契。

长安中,往资圣寺,唱道化人,翕然归向。忽诫禅院弟子,令灭灯烛。有白秀曰:"长明灯可留?"亦令灭之。因说火灾难测,不可不备,云:"尝有寺家,不备火烛,佛殿被焚。又有一寺,钟楼遭爇。又有一寺,经藏煨烬,殊可痛惜。"时众不喻其旨,至夜遗火,佛殿、钟楼、经藏三所悉成灰炭,方知秀预知垂警。

又,玄宗在潞邸时,曾与诸王俱诣问法,从容留施一笛。玄宗出去,秀召弟子曰:"谨掌此笛,后有要时,当献上也。"及受睿宗传禅,弟子达磨①等方悟其言,取笛以进。帝悦先知,回赐丰厚。

秀偶示微疾,告诫门人,奄然归寂,享年一百岁。燕国公张说,素所归心,送瘗龙门山。道俗数千人,奔会悲悼焉。

从《唐洛京天宫寺惠秀传》所述内容来看,其所述对象为神秀禅师无疑。虽然《唐洛京天宫寺惠秀传》相对简洁,但"惠秀"这一称呼的使用,也为《大通禅师碑》《传法宝纪》中关于神秀那一段"潜为白衣"的记述提供了重要素材。

第二节 《大通禅师碑》与北宗禅

《大通禅师碑》虽然只是神秀禅师圆寂后所立的一块碑石,但透过此碑,我们可以管窥神秀禅师对北宗禅以及初期禅的影响。同时,通过

---

① "磨",一本作"摩"。(笔者按:这里的"一本"之类注释,均为原文本之注解,现均依原文而录。)

此碑,也可以了解神秀禅师的"人际圈"。

一、神秀禅师之于北宗

《大通禅师碑》为张说撰于神秀禅师圆寂后不久,记述了神秀求法、传道、圆寂等相关事宜。《大通禅师碑》对神秀禅师以及北宗禅而言,有几点需要特别关注。

其一,碑铭阐释了神秀的禅法思想。如前所述,碑铭一开始便言:"身是虚哉,即身见空,始同妙用;心非实也,观心若幻,乃等真如。""观心若幻"可谓深契神秀禅法要义。不仅如此,碑铭还说神秀禅师是"三乘经论,四分律仪,说通训诂,音参吴晋",这与后出各种灯史中所述神秀禅法思想是一致的,而"尔其开法大略,则专念以息想,极力以摄心""特奉《楞伽》,递为心要"则构成后继学界对北宗禅法思想的基本认知。

其二,碑铭陈述了北宗禅在当时的盛况。碑铭不仅陈述了神秀入京时受欢迎的盛况,也记述了神秀圆寂后朝臣、信众的悲痛之切。

> 久视年中,禅师春秋高矣。诏请而来,跌坐觐君,肩舆上殿,屈万乘而稽首,洒九重而宴居,传圣道者不北面,有盛德者无臣礼。遂推为两京法主,三帝国师,仰佛日之再中,庆优昙之一现。然处都邑,婉其秘旨,每帝王分座,后妃临席,鹓鹭四匝,龙象三绕。
> …………
> 三界火宅,四部冰背,榱崩梁坏,雷恸雨泣。凡诸宝身,生是金口,故其丧也,如执亲焉。诏使吊哀,侯王归赙。三月二日,册谥"大通",展饰终之义,礼也;时厥五日,假安阙塞,缓及葬之期,怀也。宸驾临诀至午桥,王公悲送至伊水,羽仪陈设至山龛。仲秋既望,还诏乃下,帝诺先许,冥遂宿心。太常卿鼓吹导引,城门郎护监

丧葬。是日,天子出龙门,泫金衬,登高停眸,目尽回舆。①

可见,无论是朝臣的接引,还是信众的哀思,都体现了神秀在当时禅界乃至佛教界影响之大。如果说"两京法主,三帝国师"这种美誉来自帝王,那么,"宸驾临诀至午桥,王公悲送至伊水,羽仪陈设至山龛"体现的则是作为信众对神秀禅师的敬重,以及对北宗禅的认同。

其三,碑铭设置了一个至今未解的悬案。神秀在弘忍处习法多载,也得到五祖的高度认可,但碑铭中却言"涕辞而去,退藏于密",直至"仪凤中",才"始隶玉泉,名在僧录"。神秀禅师何故"涕辞而去,退藏于密"?《传法宝纪》说是"后随迁适,潜为白衣"。神秀禅师究竟遭遇了什么,目前还无法确知。对此悬案,学者们提出种种推测,笔者对此也进行过梳理,概言之,主要有两种情形②:

(1) 五祖弘忍授袈裟及"六祖"法脉于慧能,神秀禅师无法"释怀",因而离开师门。持这类观点者主要依据《坛经》——如日本学者松本文雄依据《坛经》等文献认为,神秀隐遁是因为这时发生了一个特别重大的事件,那就是弘忍指定了慧能而不是神秀为六祖。③ 而松本文雄此论要成立,必须以《坛经》所述神秀、慧能真正在一起学习过为前提,但马克瑞博士则认为,神秀与慧能可能素未谋面,至少并未在五祖弘忍处共同学习过④。

(2) 由于佛道论争以及唐王朝要求僧尼礼敬君王与父母(甚至还俗),神秀禅师因躲避战乱或由于触犯法律而"潜逃"。持这种观点的主要有马克瑞等学者(马克瑞博士甚至还进一步指出,神秀隐没期间,很

---

① [清]董诰等编:《全唐文》第 2 册,上海古籍出版社,1990 年,第 1030—1031 页。

② 关于此问题的详细讨论,参见拙文《关于湖北麻城大安寺一副匾额的解读》,《宁夏大学学报》,2018 年第 4 期,第 159—165 页。

③ 松本文雄:《神秀伝にけける二・三の問題について》,《印度学佛教学研究》,1957 年第 5 集第 1 期,第 212—215 页。

④ John R. McRae, *The Northern School and the Formation of Early Ch'an Buddhism*, Honolulu: University of Hawaii Press, 1986, p. 285.

可能使用了"惠秀"这个名字)①。

虽然目前关于碑铭所述神秀禅师为何"涕辞而去,退藏于密"这一疑窦尚未解开,但碑铭向我们呈现了一个生平履历丰富的神秀禅师,这为进一步研究神秀乃至北宗禅,提供了广阔的空间。马克瑞博士的推论是有其依据的,这在宋之问所撰的《为洛下诸僧请法事迎秀禅师表》中有相应佐证。

为洛下诸僧请法事迎秀禅师②表

僧某等言:某闻住持真教,先凭帝力,导诱将来,远属能者。伏见月日敕:遣使迎玉泉寺僧道秀。陛下载宏佛事,梦寐斯人,语程指期,朝夕诣阙。

此僧契无生至理,传东山妙法,开室岩居,年过九十,形彩日茂,宏益愈深。两京学徒,群方信士,不远千里,同赴五门,衣钵鱼颉于草堂,庵庐雁行于邱阜③。云集雾委,虚往实归。隐三楚之穷林,继一佛而扬化。栖山好远,久在荆南;与国有缘,今还豫北。九江道俗,恋之如父母;三河士女,仰之犹山岳。谓宜缁徒野宿,法事郊迎;若使轻来赴都,遐迩失望。威仪俗尚,道秀所忘,崇敬异人,和众之愿。倘得焚香以遵法王,散花而入道场,则四部衔恩,万人生喜。无任恳款之至,谨诣阙奉表,请与都城徒众,将法事往龙门迎道秀以闻。轻触天威,伏深战越。④

---

① John R. McRae. The *Northern School and the Formation of Early Ch'an Buddhism*, Honolulu: Hawaii University of Hawaii Press, 1986, pp. 35 – 46.

② "秀禅师",这里指"道秀"。"道秀"是否为"神秀"之别称,曾有学者给予相应的关注。笔者认为,从"僧契无生至理,传东山妙法"及"玉泉寺"等几个关键词来看,这里"道秀"即为"神秀"。

③ "邱阜",《全唐文新编》(见周绍良主编:《全唐文新编》第 2 部第 1 册,吉林文史出版社,2000 年,第 2717 页)《沈佺期宋之问集校注》(见[唐]沈佺期、宋之问撰;陶敏、易淑琼校注:《沈佺期宋之问集校注》,中华书局,2001 年,第 678 页)作"丘阜",可参。

④ [清]董诰编:《全唐文》卷二百四十,上海古籍出版社,1990 年,第 1074 页。

《为洛下诸僧请法事迎秀禅师表》是以宋之问为代表的僧众为迎请秀禅师入内供养而呈的表疏。此文献虽然文字不多,但却甚有意义。

首先,该表提供了道秀之名。表中有言:"遣使迎玉泉寺僧道秀","将法事往龙门迎道秀以闻"。这里将"秀禅师"与"道秀"联系起来,对于我们了解神秀,尤其是神秀"涕辞而去,退藏于密"这段时光提供了重要信息。

其次,该表说明了神秀入内供养的缘由。《为洛下诸僧请法事迎秀禅师表》一开始便言:"僧某等言:某闻住持真教,先凭帝力,导诱将来,远属能者。"足见神秀及其北宗禅一系在当时已声名远播,虽远在千里之外的玉泉,却让帝王及朝臣挂心。不仅如此,神秀入京时信众的欢迎场面更是盛大:"两京学徒,群方信士,不远千里,同赴五门,衣钵鱼颉于草堂,庵庐雁行于邱阜。"这种欢迎的热度正是宋之问等群臣上表盛邀神秀之缘由,这从一个侧面呈现了神秀及其北宗禅在当时的影响力。

二、神秀禅师之于禅宗

《大通禅师碑》是张说为神秀禅师所作,但不限于此。通过碑文,我们可以看到神秀禅师之于禅宗发展的意义。

神秀禅师与禅宗的中国化。佛教于两汉之际便已开始传入华夏,而禅宗传入中国多是以达摩禅师来华为契机。当然,这并不是说达摩禅师来华之前华夏没有禅,而应该说没有作为宗派意义的禅宗。即便达摩禅师来华之后,作为宗派意义的禅宗也并非一蹴而就,更别说禅宗的中国化问题。这里实际上涉及两个问题,即禅宗的成立与禅宗的中国化。

就禅宗的成立而言,自道信—弘忍禅师开始,或者说自"东山法门"之时,便有了禅宗的雏形,或者说作为宗派意义的禅宗渐趋形成。关于

此问题,学界已有深入讨论,兹整理如下①:

第一,禅宗始于东山法门时期。洪修平教授在《禅宗思想的形成与发展》一书中指出:"中国禅宗自东山法门而始成,至慧能门下而大盛。"②

第二,禅宗始于法如北宗时期。袁德领教授在《法如神秀与北宗禅的肇始》一文中指出,"法如实际上是北宗禅的开山鼻祖","法如禅是北宗禅的肇始",其"恪守了弘忍的守心、纯朴归真的禅风,又发展了观心从外观的更积极的渐修方法,后为神秀等为代表的北宗所发扬光大"。③ 当然,袁德领教授并非孤鸣独发,葛兆光教授在《中国禅思想史》中也指出,法如、老安、神秀、玄赜等"继承了道信、弘忍的禅法,应该说是东山禅门的主流"④。

第三,禅宗始于神秀北宗时期。杜继文、魏道儒两位教授在《中国禅宗通史》一书中指出,武则天时,禅宗作为一个宗派已经得到官方的认可,"并将禅宗得以立宗的最后基石安置妥当"⑤。据此而言,禅宗的建立,当始于武则天当政期间神秀禅师进京之时,即公元700年前后。

第四,禅宗始于慧能南宗时期。任继愈先生在《禅宗哲学思想略论》一文中指出,"禅宗的正式建立,应从慧能算起",因为"从达摩到弘忍,这五代法裔相传的过程可以看做禅宗的预备阶段,这时期禅宗还没有形成强大的宗派,甚至还没有以'禅宗'作为自己宗派的名称"。⑥ 方立天教授在《慧能创立禅宗与佛教中国化》一文中指出:

---

① 限于篇幅,这里仅列代表性观点,具体讨论可参见拙著《禅宗北宗研究》,宗教文化出版社,2013年,第7—13页。
② 洪修平:《禅宗思想的形成与发展》,江苏古籍出版社,2000年,第163页。
③ 袁德领:《法如神秀与北宗禅的肇始》,《敦煌研究》,2001年第1期,第67—76页。
④ 葛兆光:《中国禅思想史——从6世纪到9世纪》,北京大学出版社,1995年,第118—119页。
⑤ 杜继文、魏道儒:《中国禅宗通史》,江苏古籍出版社,1993年,第103—104页。
⑥ 任继愈:《禅宗哲学思想略论》,《哲学研究》,1957年第4期,第35—47页。

"《法宝坛经》,这是中国僧人作品中唯一称'经'的典籍,标志着中国禅宗的诞生。"①

无论学者认为禅宗的成立始于东山法门,还是学者将慧能南宗一系视为禅宗的滥觞,实际上,神秀禅师在禅宗宗派的成立中都起着举足轻重的作用。而禅宗的宗派化,实际上则是禅宗中国化的重要表现。换言之,没有禅宗宗派的成立,中国化又如何实现?

其次,神秀禅师与禅宗的宗派化。如果说禅宗宗派化是禅宗中国化的重要表现之一,那么,禅宗谱系的构建,则是禅宗宗派发展之必然,而这一谱系的构建,初期是以师承法脉来呈现的。关于初期禅的师承法脉,《法如行状》早已提出,《大通禅师碑》的撰者张说有沿用,亦有修正。

自菩提达摩天竺东来,以法传惠可,惠可传僧璨,僧璨传道信,道信传宏忍。继明重迹,相承五光。乃不远遐阻,翻飞谒诣,虚受与沃心悬会,高悟与真乘同辙。画捐妄识,湛见本心,住寂灭境,行无是处。有师而成,即燃灯佛所;无依而说,是空王法门。服勤六年,不舍昼夜,大师叹曰:"东山之法,尽在秀矣。"②

于此,张说不仅将达摩→惠可→僧璨→道信→弘(宏)忍这一传承重提,更是借五祖弘忍禅师之口强调"东山之法,尽在秀矣",这不仅确立了神秀的六祖地位,一个"尽"字,似乎还具有很强的"排他性"。

实际上,自法如以降,禅宗,尤其是北宗禅一系,对师承法脉越来越关注,这不仅在《大通禅师碑》中已见端倪,在神秀一系的《大智禅师塔铭》《大照禅师塔铭》《大唐中岳东闲居寺故大德珪和尚纪德幢》《东京

---

① 方立天:《慧能创立禅宗与佛教中国化》,《哲学研究》,2007 年第 4 期,第 74—80 页。

② [清]董诰等编:《全唐文》第 2 册,上海古籍出版社,1990 年,第 1030—1031 页。

大敬爱寺大证禅师碑》等文献中也均有明确体现。同时，敦煌文献《导凡趣圣心决》一开头也列举了禅宗的传承谱系，只是这一传承谱系更像是法如禅师一系。①

潘桂明教授在《中国禅宗思想历程》一书中首先指出：" 神会无疑是分判南北禅宗之别、造成南北禅宗对抗、奠定南北禅宗之说的关键人物。"②在同书中，潘桂明还特别指出，"虽然南北宗之争中的北宗仅限于神秀及其弟子普寂、义福一系，但由于地域和学说上的一致性，广义上说，北宗也可泛指当时流行于北方嵩洛一带由神秀、法如、道安、玄赜等人所传授的禅"③。可见，无论是作为神会矛头所指，还是作为北宗禅发展史上泛指的法系，神秀一系都是举足轻重的，这是神秀禅师对中国禅宗发展影响的体现。

最后，神秀禅师与禅宗的世俗化。如果说佛教的宗派化是佛教走向成熟的标识，那么，佛教的世俗化则是佛教适应社会发展需要的体现。就禅宗而言，无论是南宗禅，还是北宗禅，世俗化都是其适应社会发展进行的自我调整，而在世俗化中，禅宗获得了相应发展，就北宗禅而言，这种世俗化始于神秀禅师，其典型标志则是神秀禅师接受武则天诏请而入两京传法。自此以后，北宗禅乃至禅宗便活跃于两京，"两京法主，三帝国师"也不限于对神秀禅师自身的称誉，其弟子普寂、义福等，均为帝师。即便是南宗神会一系，也与当政者保持甚殊的关系④。据此而言，禅宗的世俗化，其表现不仅仅在于禅宗的"民间化"，更在于

---

① 关于《导凡趣圣心决》，笔者曾有专题研究，参见拙文《敦煌写本〈导凡趣圣心决〉录校与研究》，《敦煌研究》，2018 年第 5 期，第 71—76 页。
② 潘桂明：《中国禅宗思想历程》，今日中国出版社，1992 年，第 75 页。
③ 潘桂明：《中国禅宗思想历程》，今日中国出版社，1992 年，第 75 页。
④ 神会曾是神秀弟子，后投入慧能门下。在 732—734 年间，神会发起了著名的"滑台无遮大会"，此后便被北宗支持者御史卢奕逐出两京，一路南下（[元]昙噩：《新修科分六学僧传》卷四，《续藏经》第 77 册，第 100 页中）。在郭子仪军饷困难时，神会以"度牒""香水钱"而助郭子仪军队以军饷，遂得执政者认可。贞元十二年（796），通过"楷定禅门宗旨，搜求传法旁正"。（参见[唐]裴休问，宗密答：《中华传心地禅门师资承袭图》卷一，《续藏经》第 63 册，第 31 页下）而最终奠定了南宗禅在两京的地位。

禅宗的"城市化"。当然,这里的"城市"不仅具有地域或行政区域意义,其深层含义则是道安法师所言的"不依国主,则法事难立"①。可以说,禅宗自神秀而始,其与王室的关系一直都比较密切,唐以降此大势基本未变,只是南北两宗的角色改变了。

---

① [梁]慧皎:《高僧传》卷五,《大正藏》第50册,第352页上。

第四章
《大通禅师碑》相关论题

《大通禅师碑》的意义不仅在于文本表层的叙述,也在于诸多隐性的信息,诸如神秀禅师的履历及其生活年代、神秀禅师的人际圈、北宗禅的肇始与唐代禅宗的发展等。将《大通禅师碑》置于唐代社会发展的大环境中进行考察,可以管窥神秀禅师及其北宗禅发展的历史图景。

第一节 神秀禅师行谊与生活时代

《大通禅师碑》对神秀禅师生平履历的介绍虽然不多,但勾勒出其人生发展的大致轮廓。那么,神秀禅师详细的活动轨迹及其人际圈又是怎样的呢?下面我们来逐一考察。

一、神秀禅师活动轨迹

张说的《大通禅师碑》向我们呈现了神秀禅师生平履历、活动轨迹的部分信息。在神秀禅师其他相关文本中,亦有对神秀禅师生平履历、活动轨迹的记述。现整理如下:

表3 《大通禅师碑》所述神秀禅师活动轨迹简表

时间	主要活动
1岁(606年)	出生于陈留尉氏县
少为诸生(651年前)	游问江表,《老》《庄》玄旨,《书》《易》大义。三乘经论,四分律仪,说通训诂,音参吴晋。

(续表)

时间	主要活动
武德八年乙酉(625)	受具于天宫寺。
逮知天命之年(651—657年前后)	企闻蕲州有忍禅师,禅门之法胤也。乃不远遐阻,翻飞谒诣。服勤六年,不舍昼夜。涕辞而去,退藏于密。
仪凤(676—679)中	始隶玉泉,名在僧录。在(玉泉)寺东七里(度门寺楞伽峰),地坦山雄,目之曰:"此正楞伽孤峰,度门兰若,荫松藉草,吾将老焉。"
久视(700—701)年中	(应武则天)诏请至京,跌坐觐君,肩舆上殿。遂推为两京法主,三帝国师。
大足至神龙年间	累乞还山。
神龙二年(706)二月二十八日夜	顾命扶坐,泊如化灭。
是年(神龙二年,即706年)丙午	复终于此寺(天宫寺),盖僧腊八十矣。
(神龙二年,即706年)三月二日	(中宗)册谥"大通"。

梳理上表可知,根据《大通禅师碑》所记,神秀禅师出生于陈留尉氏县,随后为"诸生"①而"游问江表",可谓不仅得"《老》《庄》玄旨,《书》《易》大义",且精通"三乘经论,四分律仪",以至于"说通训诂,音参吴晋"。这是张说对神秀禅师在参诣弘忍禅师之前的记述,可以说简略而富有深意。所谓"简略"者,根据张说所记,虽然我们知道神秀禅师在参谒弘忍禅师之前"游问江表"而学识渊博,但具体去了哪些地方,做了哪些事情,可以说基本不知晓。唯一一点明确的就是神秀禅师在625年受具足戒于天宫寺;所谓"富有深意"者,是指张说虽然以寥寥数笔将神秀禅师前半生即参诣弘忍禅师之前的经历一笔带过,但却将神秀禅师受具戒时间明确提出,并且以"说通训诂,音参吴晋"来评价其学识与造

---

① "诸生"为"生员"的一种,即唐代国学及州、县学学生有规定的员额,与博士弟子员、庠生等并称为"生员",俗称"秀才",美称为"茂才"(钱玉林、黄丽丽主编:《中华传统文化辞典》,上海大学出版社,2009年,第439页)。

诣,这为神秀禅师师事弘忍禅师并获弘忍赞叹"东山之法,尽在秀矣"埋下了伏笔。应该说,张说《大通禅师碑》勾勒出的神秀禅师形象,与王维所作《六祖能禅师碑铭》中描绘的慧能禅师形象是迥然异趣的。在张说笔下,我们看到的神秀禅师是自幼"游问江表",而学识上"说通训诂,音参吴晋";在王维笔下,我们看到的慧能禅师是"禅师俗姓卢氏,某郡某县人也","善习表于儿戏,利根发于童心"①。在张说那里,我们看到神秀禅师一步步积累(渐修)的过程;在王维那里,我们似已看到慧能禅师利根(顿悟)的潜质。

神秀禅师在"逮知天命之年"而"企闻蕲州有忍禅师,禅门之法胤也",遂"乃不远遐阻,翻飞谒诣",且"服勤六年,不舍昼夜"。张说对神秀禅师于弘忍禅师处习禅的情形并没有着墨很多,一句"东山之法,尽在秀矣"将神秀之学呈现出来。当然,在《大通禅师碑》中,我们没有看到张说提及慧能禅师与神秀禅师同学之事,更没有看到那两首著名的"传法偈"的信息。

神秀禅师在弘忍禅师处习禅,6 年之后,"涕辞而去,退藏于密"。关于神秀禅师这段晦涩的生活经历,笔者前文已有讨论。就目前文献提供的信息而论,还不足以定论其究竟因何"涕辞而去,退藏于密"。作为同时代人的张说没有说清楚,或不能说清楚,而作为稍晚时期的杜朏、净觉也没有说清楚神秀禅师的这段隐晦生活。不过,张说给神秀禅师这段隐晦生活提供了活动方位与时间下限,所以有言,仪凤年间(676—679),神秀禅师"始隶玉泉,名在僧录",这将神秀禅师与玉泉寺联系起来。不仅如此,神秀禅师在距(玉泉)寺东七里(度门寺)曾有言"此正楞伽孤峰,度门兰若,荫松藉草,吾将老焉",这不仅将神秀禅师与度门寺联系起来,更为下文帝王置寺"度门"提供了依据。可以说,神秀在离开五祖弘忍禅师(黄梅)之后,在被武则天诏请至京之前,有很长一

---

① [唐]王维:《六祖能禅师碑铭》,[清]董诰等编:《全唐文》卷三百二十七,上海古籍出版社,1990 年,第 1465 页。

段时间的活动足迹都在玉泉、度门,或者模糊一点来说,主要活动于湖北荆州一带。关于此问题,笔者曾以湖北麻城大安寺一副匾额为据,撰写过一篇考察神秀这段隐晦生活的足迹,认为神秀此间可能曾驻锡或来往于光黄古道①上的麻城地区。②

久视(700—701)年中,神秀禅师应武则天之诏请而入两京讲法,这在《楞伽师资记》《传法宝纪》《历代法宝记》等史料中均有记载。在两京期间,陪伴神秀左右的有众多弟子,普寂、义福、净觉等便是其中的代表。神秀禅师于两京布道,受到王室高度认可,可谓"然处都邑,婉其秘旨,每帝王分座,后妃临席,鹓鹭四匝,龙象三绕",并置寺度门,进而推为"两京法主,三帝国师"。即便如此,神秀禅师的内心依然向往山林,回归荆州,张说一句"累乞还山"道明了神秀禅师的内心所指。

神龙二年(706)二月二十八日夜,神秀禅师"顾命扶坐,泊如化灭",终于天宫寺,"盖僧腊八十矣"。从神秀于"武德八年乙酉(625)"受具戒于天宫寺,至神龙二年复终于天宫寺,前后80年有余,故张说的"盖僧腊八十矣"此言不虚。神秀禅师圆寂后,唐中宗遂于三月二日册谥"大通"之号。至此,在张说的笔下,神秀禅师的一生结束了,其身后则是帝王、后妃、臣宰、信众等的凭吊与哀思。

根据张说的记述,神秀禅师的慧命似乎是一个圆——受戒于天宫寺,复终于天宫寺;神秀禅师的生命历程也恰似一个圆——出生于陈留尉氏,圆寂于洛阳天宫寺。可以说,张说在《大通禅师碑》中对神秀禅师活动轨迹的记述,基本勾勒出了神秀禅师一生的履历,虽不详尽,但基本完整。杜朏在《传法宝纪》中对神秀禅师活动轨迹的记述,对《大通禅

---

① "光黄古道"是古时由河南光州至湖北黄州的一条官道,当年(842年)杜牧受排挤外放为黄州刺史,就是顺着这条古道进入黄州的;200多年后苏轼因反对王安石变法被贬到黄州,据说走的也是这条古道(王喜根:《寻访中国古村镇》,江苏人民出版社,2019年,第474页)。而麻城则是光黄古道上的重要驿站,匾额载有"秀老禅师六旬有五荣寿"等字样,笔者据此推知,神秀禅师或于其生命中最隐晦的这段时间里来往或驻锡于麻城。

② 关于此问题的详细讨论,参见拙文《关于湖北麻城大安寺一副匾额的解读》,《宁夏大学学报》,2018年第4期,第159—165页。

师碑》则有互证、补充之效。

表 4 《传法宝纪》所述神秀禅师活动轨迹简表①

时间	主要活动
出生(1岁)	大梁人,姓李氏。
童稚时(1—13岁时)	清惠敏悟,即有成德。
年十三(618年前后)	属隋季王世充扰乱,河南、山东饥疫,(神秀禅师)至荥阳义仓请粮。遂遇善知识出家,便游东吴,转之闽,游罗浮、东、蒙、台、庐诸名山,嘉遁无不毕造。学究精博,探《易》《道》,昧黄老及诸经传,自三古微赜,靡不洞悉。
年二十(625年)	受具戒,锐志律仪,渐修定慧。
年四十六(651年前后)	往东山,归忍禅师。(弘忍禅师)一见重之,开指累年。道入真境,自所证,莫有知者。
仪凤年间(657—676年前后)前后	后随迁适,潜为白衣,或在荆州天居寺十所年,时人不能测。
仪凤(676—679)中	荆楚大德数十人,共举度住当阳玉泉寺。
法如迁化(689年)后	及忍禅师迁化,又曰先有付嘱,然十余年间,尚未传法。自如禅师灭后,学徒不远万里,归我法坛,遂开善诱,随机弘济,天下志学,莫不望会。
久视(700—701)中	则天发中使,奉迎洛阳,礼遇有加。
神龙年间(705—707)	向孝和皇帝累求还(归荆州),不遂归事。
神龙二年(706)二月二十八日	端坐怡然,迁化于洛阳天宫寺,归于玉泉寺建塔。
?	于塔所,孝和以置度门寺,尊曰"大通和上"。

简要梳理上表可知,杜朏在《传法宝纪》中对神秀禅师生平履历以及活动轨迹的记述与张说在《大通禅师碑》中所述内容基本一致,但有几点内容不同,是对《大通禅师碑》所述内容的重要补充。

第一,年十三,荥阳义仓请粮。根据《传法宝纪》所述,隋季王世

---

① 本表所引《传法宝纪》内容,均出自拙著《禅宗北宗敦煌文献录校与研究》,江苏人民出版社,2018年,第48—49页。

充扰乱,导致"河南、山东饥疫",神秀禅师遂前往荥阳义仓请粮。这一点《大通禅师碑》没有论及。杜朏所论神秀禅师于13岁时遇"王世充扰乱"①而前往"荥阳义仓请粮",这将禅师的出生时间基本确定了。

第二,遇善知识出家,游诸山。相较于《大通禅师碑》,《传法宝纪》更为明确指出,神秀禅师在"遇善知识出家"后,"便游东吴,转之闽,游罗浮、东、蒙、台、庐诸名山",且"嘉遁无不毕造",这比《大通禅师碑》所言的"游问江表"要具体得多。由此可见,神秀禅师在参诣弘忍禅师之前,曾前往东吴之地,后又至东南地区,游罗浮、东、蒙、台、庐诸山。虽然这里不能确知神秀游诸名山的具体情况,但却为我们呈现了神秀在参谒弘忍禅师之前活动轨迹的大致轮廓。

第三,年二十受具戒。如果说《传法宝纪》所述其他信息与《大通禅师碑》所述内容具有互补性,那么,"二十受具戒"则与《大通禅师碑》所言"武德八年乙酉受具于天宫寺"具有互证性。武德八年即625年,而这时神秀禅师是20岁。据此而言,神秀禅师当生于606年。可见文本之间互证与互补的重要性。

第四,后随迁适,潜为白衣。《大通禅师碑》与《传法宝纪》都论及神秀禅师在弘忍禅师处习禅累年后离开,但《大通禅师碑》说得非常含糊——"涕辞而去,退藏于密",而《传法宝纪》虽然也不明确,但"后随迁适,潜为白衣"则相对较为具体。

第五,忍禅师的付嘱。关于神秀传法,《大通禅师碑》只言"仪凤中,始隶玉泉,名在僧录",而《传法宝纪》则言"及忍禅师迁化,又曰先有付嘱,然十余年间,尚未传法",直到"如禅师灭后,学徒不远万里,归我法坛,遂开善诱,随机弘济,天下志学,莫不望会"。法如禅师坐化于689

---

① 杨曾文教授根据"属隋季扰乱",推知神秀禅师生于607年。参见王尧主编:《佛教与中国传统文化》上册,宗教文化出版社,1997年,第438页。

年①,也即是说,神秀传法时间是在689年以后,这是《传法宝纪》对《大通禅师碑》的重要补充——如果我们认同杜朏所言为实的话。

第六,关于请还荆州。《大通禅师碑》《传法宝纪》都论及神秀禅师有请还之想,且生前都未能如愿。但《大通禅师碑》表达得比较模糊,只言"累乞还山",而《传法宝纪》则言"向孝和皇帝累求还"。由此可知,神秀禅师还山之念或始于武则天逝世之后,即中宗再次执政之时。

第七,关于置度门寺。《大通禅师碑》《传法宝纪》都论及"置度门寺"一事,但《大通禅师碑》比较模糊,只言"圣敬日崇,朝恩代积",而于"当阳初会,会之所,置寺曰度门",这里很难判定谁"置度门寺"以及何时"置度门寺"。而《传法宝纪》则明确有言:"于塔所,孝和以置度门寺。"可见,据《传法宝纪》可知,度门寺或为中宗所置,且在神秀禅师圆寂之后,并且已在玉泉建塔之后。

有了《传法宝纪》对《大通禅师碑》所述内容的互证和补充,神秀禅师的生平履历及其活动轨迹则越发丰富和具体,让我们看到了神秀禅师一生求法问道、习禅论道、传法布道的足迹。

二、神秀禅师的人际圈

如果说神秀禅师的生平履历及其活动轨迹反映了其发展历程的自身因素,那么,神秀禅师的人际圈则呈现了神秀禅师发展的外缘条件。下面笔者以《大通禅师碑》为基点,结合《楞伽师资记》《传法宝纪》《旧唐书》《宋高僧传》《景德传灯录》等史料,来考察神秀禅师的人际圈。简单而言,神秀禅师的人际圈可以分为教内与教外,即僧界与俗世。

---

① 关于法如禅师的生平履行,笔者曾有相关讨论,参见拙著《禅宗北宗研究》,宗教文化出版社,2013年,第203页。

（一）僧界的人际圈

神秀禅师僧界的交游对象主要可以分为三大类，即恩师、同学与教内信众。相较而言，恩师、同学比较具体，而教内信众则比较模糊，只能概览，很难具体梳理。

1. 神秀禅师的授业恩师

检索现有史料，关于神秀禅师的授业之师，至少有三个：一者是各类史书所载的、神秀禅师50岁前后慕名参谒的五祖弘忍禅师；二者是神秀禅师在荥阳义仓请粮后所遇到的那位善知识；三者是神秀禅师在20岁时于天居寺为其授具戒的某法师。相较于弘忍禅师，引导神秀禅师出家的那位善知识以及天居寺为神秀禅师授具戒的某法师是隐而不彰的，往往被遗忘。实际上，如果从入道时间先后而言，引导神秀禅师遁入空门者以及为神秀禅师授具戒者，这对神秀禅师慧命的影响也是至深的，所以他们可以作为神秀禅师人际圈中的"恩师"部分。

2. 神秀禅师的同学

神秀的同学也即弘忍的弟子。不管是哪个版本的"十大弟子"，神秀的同学都为数不少：《楞伽人法志》《楞伽师资记》所载弘忍弟子有资州智诜、白松山刘主簿、华州惠藏、随州玄约、嵩山老安、潞州法如、韶州惠能、扬州高丽僧智德、越州义方，以及时居京师的玄赜等；①《历代法宝记》所记载弘忍弟子有惠能、智诜、智德、玄赜、老安、法如、惠藏、玄约、刘主簿等；②宗密在《圆觉经大疏钞》所载弘忍弟子有潞州法如、襄州通、资州智诜、越州义方、华州慧藏、蕲州显、扬州觉、嵩山老安等，"并是一

---

① 韩传强：《禅宗北宗敦煌文献录校与研究》，江苏人民出版社，2018年，第330页。
② 《历代法宝记》，《大正藏》第51册，第182页上—182页中。

方领袖"①。这些作为神秀禅师的同学,他们则很可能是神秀禅师人际圈中的重要人物,其中法如、老安、玄赜等禅师,他们共同构成北宗禅的第一代开创者,而慧能禅师则被其弟子神会等描绘成神秀禅系的对立面。但无论是共同开创北宗禅的法如禅师、老安禅师、玄赜禅师,还是被视为处于"对立面"的慧能禅师,他们都在神秀的人际圈中活跃着。

此外,神秀还有一个同辈高僧需要特别关注,此人即是神僧万回。关于万回,其与神秀关系最近的一次,当是在神秀禅师圆寂之时。此时万回现身,并当众宣布:"宏通正法,必此人(这里指义福)也。"②万回的出场,究竟是以神秀之名,还是以中宗之意,或另有隐情,不得而知。但有一点可以表明,那就是万回禅师在神秀人际圈中乃至在当时两京佛教界中,影响非凡。

3. 神秀禅师的法脉徒众

如果说神秀禅师人际圈中的恩师主要在神秀禅师慧命成长中起到引领作用,那么,神秀禅师人际圈中的法脉徒众则对神秀禅师的禅法思想有重要的推动作用。检索史料,神秀禅师直接徒众③主要有:

(1)《景德传灯录》所述的19人。道原在《景德传灯录》卷四中载有"北宗神秀禅师法嗣一十九人"字样,现整理如下:

> 五台山巨方禅师、河中府中条山智封禅师、兖州降魔藏禅师、寿州道树禅师、淮南都梁山全植禅师(已上五人见录)。
> 荆州辞朗禅师、嵩山普寂禅师、大佛山香育禅师、西京义福禅师、忽雷澄禅师、东京日禅师、太原遍净禅师、南岳元观禅师、汝南

---

① [唐]宗密:《圆觉经大疏钞》卷三,《续藏经》第9册,第534页中。
② [唐]严挺之:《大智禅师碑铭并序》,[清]董诰:《全唐文》卷二百八十,上海古籍出版社,1990年,第1256—1257页。
③ 所谓"直接徒众",也即神秀禅师的直系弟子,其再传弟子不在考察范围内。

杜禅师、嵩山敬禅师、京兆小福禅师、晋州霍山观禅师、润州茅山崇珪禅师、安陆怀空禅师(已上一十四人,无机缘语句,不录)。①

道原禅师所列神秀禅师法嗣,实际上是需要检视的。换言之,法嗣并非皆是直系弟子。具体而言,道原所列神秀法嗣有两方面需要注意。一方面,将"嵩山普寂禅师、大佛山香育禅师、西京义福禅师"等置于"无机缘语句不录"之列,显然不合适。关于普寂、义福等禅师,唐代诸多文献中已有载录,而道原却视他们为"无机缘语句",有些不可思议。另一方面,寿州道树禅师,其师承关系比较模糊,根据《景德传灯录》卷四所载,道树于50岁左右出家,卒于宝历元年(825),世寿92。据此可知道树大约生于734年。② 此时神秀已示寂(706)近30年,显然不是神秀弟子,也不太可能是普寂、义福弟子。按照道树生卒年来看,最多也只能是神秀第三代或第四代弟子,这一情况《宋高僧传》也有类似记载。③ 同样,都梁山全植④、安陆怀空⑤也不可能是神秀弟子。此外,《景德传灯录》还记载了吉州志诚禅师也是神秀禅师门徒。⑥

(2)《楞伽师资记》所载神秀禅师弟子。净觉禅师在《楞伽师资

---

① [宋]道原:《景德传灯录》卷四,《大正藏》第51册,第224页上—中。
② [宋]道原:《景德传灯录》卷四,《大正藏》第51册,第232页中。
③ [宋]赞宁:《宋高僧传》卷九,《大正藏》第50册,第765页下—766页上。
④ 全植,在《景德传灯录》卷四中,道原将其列为神秀禅师法嗣,而据同卷所载,全植于会昌四年(844)入塔,世寿93岁。(见[宋]道原:《景德传灯录》卷四,《大正藏》第51册,第232页下)据此可知,全植生于752年前后,这时神秀禅师早已示寂,何以能成为全植之师呢? 即便入塔时间不能代表示寂时间,一般来说,也不会相差这么多。因此,全植禅师应该不是神秀禅师的嫡传弟子。
⑤ 安陆怀空(705—787),俗姓商,河阳(今河南孟州)人。《宋高僧传》卷二十和卷二十九分别记载两个怀空,这里是指安陆定安山怀空。根据《宋高僧传》记载,安陆怀空卒于贞元三年(787),卒时83岁。据此而言,他应该生于705年,神秀禅师卒于706年,那时安陆怀空最多两岁。(参见[宋]赞宁:《宋高僧传》卷二十九,《大正藏》第50册,第892页下)另外,《宋高僧传》卷二十中记录了徐州安丰山怀空。徐州安丰山怀空(697—784),俗姓梁,阆州人,"于大寂禅法洗然明畅",不知是否为普寂弟子,但肯定不是神秀直系弟子。(参见[宋]赞宁:《宋高僧传》卷二十,《大正藏》第50册,第839页中)另外,这两个怀空应该不是同一人。
⑥ [宋]道原:《景德传灯录》卷五,《大正藏》第51册,第237页中。

记·神秀传》中,不仅自称为神秀禅师弟子,还明确论及神秀禅师其他弟子有嵩山普寂禅师、嵩山敬贤禅师、长安兰山义福禅师、蓝田玉山惠福禅师,"俱承大通和上后"①。

另外,《全唐文》②《顿悟真宗要诀》③《旧唐书》④等均载有神秀禅师相关弟子。此外,神会也曾师事神秀禅师,其于730年前后开启对北宗禅的种种质疑,在一定程度上引起了各界对北宗禅,尤其是以神秀禅师为主的北宗禅法的反思。就此而论,可以说,神会禅师也是神秀禅师人际圈中的重要一员。

4. 神秀禅师的教内信众

神秀禅师的教内信众数量只能是一个概数,实际上,众多教内信众都被淹没在了历史的烟波中。根据《大通禅师碑》所载,可谓"学来如市,未云多也",而"升堂七十,味道三千,不是过也"。⑤

《传法宝纪·神秀传》中则记载:"自如禅师灭后,学徒不远万里,归我法坛,遂开善诱,随机弘济,天下志学,莫不望会。"⑥而在"仪凤中,荆楚大德数十人,共举度住当阳玉泉寺"⑦,这里的荆楚大德虽然不知具体为何人,但作为神秀禅师禅法思想的重要支持者,列为信众无可厚非。由此足见,神秀禅师教内信众之多。

---

① 韩传强:《禅宗北宗敦煌文献录校与研究》,江苏人民出版社,2018年,第335—336页。
② 常东名所撰《唐思恒律师志铭》中记载,思恒律师"忘形杜口,所以归定门也",乃"诣秀禅师受微妙理,一悟真谛,果符宿心"。参见[清]董诰:《全唐文》卷三百九十六,上海古籍出版社,1990年,第1789页。
③ 根据《顿悟真宗要诀》所述,侯莫陈琰禅师前事安阇梨,后事秀和上。据此而论,侯莫陈琰也可视为神秀禅师弟子。参见黄永武主编:《敦煌宝藏》第124册,台北新文丰出版公司,1985年,第124页。
④ 《旧唐书》载神秀弟子主要有普寂和义福,见[后晋]刘昫等撰:《旧唐书》第16册(卷一百九十一),中华书局,1975年,第5109—5111页。
⑤ 熊飞校注:《张说集校注》第3册,中华书局,2013年,第959—962页。
⑥ 韩传强:《禅宗北宗敦煌文献录校与研究》,江苏人民出版社,2018年,第48页。
⑦ 韩传强:《禅宗北宗敦煌文献录校与研究》,江苏人民出版社,2018年,第48页。

（二）俗世的人际圈

如果说神秀禅师"教内人际圈"呈现了神秀禅师在当时教界（出世）的影响，那么，俗世的人际圈则呈现了神秀禅师乃至北宗禅法"入世后"被接受程度及其影响。

1. 神秀禅师与王室之交

神秀禅师与王室之交，始于武则天之诏请，此后遂被推为"两京法主，三帝国师"，其在王室中朋友之多、影响之大，史料多有记载。

（1）据《大通禅师碑》所载，神秀禅师入京后，"每帝王分座，后妃临席，鸩鹭四匝，龙象三绕"，神秀禅师圆寂后，可谓"其丧也，如执亲焉"，不仅"诏使吊哀，侯王归赗"，中宗亲册谥"大通"之号，待及葬之期，更是"宸驾临诀至午桥，王公悲送至伊水，羽仪陈设至山龛"。① 当神秀禅师移葬于当阳时，不仅有"太常卿鼓吹导引，城门郎护监丧葬"，更有"天子出龙门，泫金衬，登高停跸，目尽回舆"，而"自伊及江，扶道哀候，幡花百辇，香云千里"。② 从张说在碑铭的记述中，我们可以管窥神秀与王室关系甚殊，这种关系在中宗、武则天、睿宗三位帝王时都有体现。神秀是应武则天之诏请而入两京传法，神秀与中宗、睿宗有更多交集，这从神秀圆寂后，中宗、睿宗的表现中便可窥一斑。

（2）据《楞伽师资记》所载，神秀禅师于"大足元年，召入东都，随驾往来两京教授，躬为帝师"③。神秀禅师圆寂后，中宗设敕文，内容如下：

---

① 熊飞校注：《张说集校注》第3册，中华书局，2013年，第959—962页。
② 熊飞校注：《张说集校注》第3册，中华书局，2013年，第959—962页。
③ 韩传强：《禅宗北宗敦煌文献录校与研究》，江苏人民出版社，2018年，第332页。

> 敕：故秀禅师，妙识外融，灵机内彻。探不二之奥，独得髻珠；守真一之门，孤悬心镜。至灵应物，色会神明，无为自居，尘清累遣。其颐转慕，精爽日聪，方将洞前识之玄微，导群生之耳目，不意大悲同体，委化从权，一伤泥日之论，长想意传之教，虽理绝名相，无待于追崇，而念切师资，愿存于荣饰，可赠为"大通禅师"。①

从中宗为神秀禅师所作敕文来看，其对神秀禅法的谙熟以及对神秀禅师的尊崇，都溢于言表。同时，根据净觉所记，中宗还敕"宜差太子洗马卢正权充使，送至荆州"，且"寺额也付正权"。② 唐中宗对神秀身后之事关心之切，见于事中。

（3）据《传法宝纪》所载，"久视中，则天发中使，奉迎（神秀至）洛阳"，在神秀禅师圆寂后，"于塔所，孝和以置度门寺，尊曰'大通和上'"，而"睿宗复出钱三十万修崇焉"。③

（4）据《旧唐书》所载，"神秀以神龙二年卒，士庶皆来送葬。有诏赐谥曰'大通禅师'。又于相王旧宅置报恩寺，岐王范、张说及征士卢鸿一皆为其碑文"④。由此可见，神秀圆寂后，不仅中宗对此事关心甚切，岐王李范还曾为神秀禅师作碑文，尽管这一碑文目前尚无可考，但相信《旧唐书》的作者刘昫所记不是空穴来风。

2. 神秀禅师与臣宦之交

净觉在《楞伽师资记·神秀传》中载有"（神秀禅师于）两京开化，朝野蒙益，度人无数"⑤。在所度之人中，想必臣宦为数不少，根据《旧唐

---

① 韩传强：《禅宗北宗敦煌文献录校与研究》，江苏人民出版社，2018年，第333页。
② 韩传强：《禅宗北宗敦煌文献录校与研究》，江苏人民出版社，2018年，第334页。
③ 韩传强：《禅宗北宗敦煌文献录校与研究》，江苏人民出版社，2018年，第49页。
④ ［后晋］刘昫等撰：《旧唐书》第16册（卷一九一），中华书局，1975年，第135—150页。
⑤ 韩传强：《禅宗北宗敦煌文献录校与研究》，江苏人民出版社，2018年，第333页。

书》等史料,这里的臣宦既有张说、卢藏用、卢鸿一,更有无数未记其名者。《全唐文》中收有宋之问所作《为洛下诸僧请法事迎秀禅师表》,这不仅表明宋之问与神秀禅师的关系甚殊,其中所言"两京学徒,群方信士,不远千里,同赴五门"①更从一个层面表明两京臣宦对神秀禅师的尊崇和挚爱。

3. 神秀禅师与庶民之交

神秀禅师与王室、臣宦之交在众多史料中多有明确记载,而神秀禅师与庶民之交则多是以隐性的方式呈现。有的可能是三言两语,有的则是概而论之。

据《传法宝纪》载,神秀禅师在两京时,"授戒宫女,四会归仰,有如父母焉"②,《大通禅师碑》则有言:"自伊及江,扶道哀候,幡花百辇,香云千里。"③虽然我们无法确知究竟有多少民众为神秀禅师的信众或者朋友,但从其身前及身后民众对其态度可以看出,神秀禅师人际圈中民众数量之众多,情感之真切。

以上简要考察了神秀禅师教内、教外的人际圈,从中可以看出神秀禅师在朝野的影响之大。实际上,这不仅是神秀禅师个人的魅力,也是神秀禅师及其禅法在当时被接受的一种隐性呈现。

第二节 北宗禅的肇始与唐代禅宗

对于神秀禅师,不仅是从神秀的传记中,更是从神秀禅师的批判者

---

① [唐]宋之问:《为洛下诸僧请法事迎秀禅师表》,[清]董诰编:《全唐文》卷二百四十,上海古籍出版社,1990年,第1074页。
② 韩传强:《禅宗北宗敦煌文献录校与研究》,江苏人民出版社,2018年,第49页。
③ 熊飞校注:《张说集校注》第3册,中华书局,2013年,第961页。

诸如神会、宗密等的评述中进行了解,同样,作为以神秀禅师一系为主的北宗禅,其被学界所了解和关注,不仅通过自身著述,有时也通过批判者的著述。

一、北宗禅之于禅宗史

禅的发展,并非限于达摩禅系一家。实际上,即便是达摩禅师来华之后,依然有诸多禅系,北有僧稠,南有法融,区域的交错、时间的交织、禅法的交融是当时禅宗发展的概况。对于神秀禅师而言,其存在的意义不仅仅限于北宗禅,也是整个禅宗发展过程中的一座里程碑。

1. 北宗禅概念由来

论及北宗禅的概念,实际上是一件非常吊诡的事情。何以如此说呢?因为"北宗"这一概念最早不是北宗禅系自己所"发明",而是由其批判者神会禅师"赋予"。我们看由神会弟子所辑录的《菩提达摩南宗定》对"北宗禅"概念的论述:

> (崇)远法师问曰:"何故不许普寂禅师称为南宗?"
> (神会)和上答:"为秀和上在(日),天下学道者号此二大师为'南能''北秀',天下知闻。因此号,遂有南北两宗。普寂禅师实是玉泉学徒,实不到韶州,今日妄称南宗,所以不许。"[①]

神会弟子所集内容真实与否有待考证,但这从一个侧面将北宗禅的由来说清楚了——在神会禅师看来,禅宗南北两宗的概念是由于地域不

[①] 杨曾文编校:《神会和尚禅话录》,中华书局,1996年,第31页。

同所致,因为以慧能禅师为代表的南宗禅当时在南方传道,而以神秀为代表的北宗禅当时在以两京为中心的北方传法,所以有南北两宗如此的划分。

实际上,"南宗"本义并非如此。作于727年的《注〈心经〉》序文中有如是论述:"古禅训曰:宋太祖时,求那跋陀罗三藏禅师以《楞伽》传灯,起自南天竺国,名曰南宗。"①可见,就净觉禅师乃至北宗禅自身而言,其所自称的是"南宗",而他们所称的"南宗",其真正意义是"南天竺""一乘宗",而非神会禅师以地域之别来划分禅宗的南北两宗。

神会禅师所划分的南北两宗,在某种程度上,将北宗禅的范围相对扩大了。正如葛兆光教授所言:"从思想史角度来看,'北宗'早已成了思想流派的代称;从《祖堂集》以下,'北宗'便泛指与慧能一系对峙的弘忍门下其他弟子;从禅门角度来看,法如、老安、玄赜、神秀之间也距离极近",因此,"法如、老安、玄赜、神秀这一系其实可以算是广义的'北宗'"。②葛兆光教授所言的"北宗",在一定层面上,与神会禅师以地域为限而划分南北两宗是有一定契合度的。当然,神会禅师所言的"南宗"与"北宗",起初是以地域为限,但又超出地域本身。在深层意义上,神会禅师所言的南宗,实际上还是指由达摩传至中国的南天竺一乘宗。如此可以说,神会禅师赋予了"北宗禅"的概念,而又置换了"南宗禅"的内涵。

2. 北宗禅的被接受

自"滑台无遮大会"而始,"北宗禅"这一概念便由神会及其弟子开始传播。但实际上,北宗禅内部各禅系开始接受"北宗"这一概念是相

---

① 〔日〕柳田圣山:《初期禅宗史书の研究》,京都禅文化研究所,1967年,第596—597页。

② 葛兆光:《中国思想史——从6世纪到9世纪》,北京大学出版社,1995年,第118—121页。

对较晚的。根据笔者梳理和研究,神秀禅师在两京的主要弟子普寂(651—739)、义福(658—736)等高僧圆寂时,他们的碑文中并未见有"北宗"字样,北宗禅相关文献中开始出现"北宗"一词是在较为晚出的"五方便"系列文本中,这些文本主要有《大乘五方便北宗》《大乘北宗论》等,在这些文本内容乃至标题中,开始出现"北宗"字样,且有些文本以"北宗"而命名。①

736年,神秀禅师在两京的主要弟子之一的大智义福禅师圆寂,稍后由严挺之撰文、史惟则所书的《大智禅师碑铭并序》中,并没有出现"北宗禅"这一概念。相反,《大智禅师碑铭并序》则如是定位自身:

> 禅师法轮,始自天竺达摩,大教东派,三百余年,独称"东山学门"也。自可、璨、信、忍,至大通,递相印属。大通之传付者,河东普寂与禅师二人,即东山继德,七代于兹矣。②

在《大智禅师碑铭并序》中,我们看到严挺之对义福禅师的谱系论述是"自可、璨、信、忍,至大通,递相印属",而"大通之传付者",则是"河东普寂与禅师(义福)二人",并且强调"即东山继德,七代于兹矣"。从严挺之的论述中,我们可以看出,义福一系以东山法门后裔自居,而未认可"北宗"这一禅系,尽管这时神会禅师的"滑台无遮大会"已经开启,且其与普寂禅师弟子崇远法师已有多番讨论,但在北宗禅内部,至少义福禅师这一系,尚未接受"北宗"这一概念。

739年,神秀禅师在两京的另一主要弟子普寂禅师圆寂,稍后不久,由李邕所撰的《大照禅师塔铭》问世。在该文中,普寂一系是如此界定

---

① 关于此问题的详细讨论,参见拙著《禅宗北宗研究》,宗教文化出版社,2013年,第4—5页。
② [唐]严挺之:《大智禅师碑铭并序》,[清]董诰等编:《全唐文》,上海古籍出版社,1990年,第1256—1257页。

自身的：

> 二十七年（739年）秋七月，诲门人曰："吾受托先师，传兹密印，远自达摩菩萨，（达摩）导于可，可进于璨，璨钟于信，信传于忍，忍授于大通，大通贻于吾，今七叶矣。"①

从《大照禅师塔铭》所记普寂禅师自述中可以看出，普寂禅师自称是"受托先师（神秀禅师），传兹密印"，这一谱系"远自达摩菩萨"，后"（达摩菩萨）导于可，可进于璨，璨钟于信，信传于忍，忍授于大通"，而"大通贻于吾，今七叶矣"。这里，我们依然看不到普寂禅师一系对"北宗"这一概念的接受。

从《大智禅师碑铭并序》《大照禅师塔铭》可以看出，在公元8世纪40年代以前，北宗禅各禅系内部对"北宗"这一概念尚未接受，虽然"北宗禅"作为一个僧团早已存在。

那么，北宗禅内部是何时开始接受"北宗"这一称号的呢？在敦煌写卷中，写卷S.2512抄有《第七祖大照和尚寂灭日斋赞文》一文，其中论及弘正禅师及"五方便"一词。《第七祖大照和尚寂灭日斋赞文》有言："（金般若）依弘正导师，开五方便，精修靡替，名实克彰。"②这里我们看到了北宗禅法思想中的重要概念"五方便"一词。

1999年，徐文明教授在《敦煌学辑刊》发表了《禅宗第八代北宗弘正大师》一文，于此文中，徐文明教授对《第七祖大照和尚寂灭日斋赞文》进行了整理、校录和研究，指出"五方便"文本为普寂禅系所辑录。③虽然将"五方便"之荣誉全部献予普寂或者普寂的门徒诸如弘正，尚需

---

① ［唐］李邕：《大照禅师塔铭》，［清］董诰等编：《全唐文》，上海古籍出版社，1990年，第1274页。

② 韩传强：《禅宗北宗敦煌文献录校与研究》，江苏人民出版社，2018年，第242页。

③ 徐文明：《禅宗第八代北宗弘正大师》，《敦煌学辑刊》，1999年第2期，第32—39页。

进行深入讨论,但将"五方便"归属于神秀乃至北宗一系却是无可非议的。据此而言,敦煌文献中出现的《大乘五方便北宗》《大乘北宗论》《大乘无生方便门》等文本当在普寂禅师圆寂之后,由普寂弟子及其同时代门人辑录而成,那么,这个时间最早也要到8世纪中叶前后了。

3. 北宗禅的发展历程

学界在很长一段时间内,对北宗禅的研究主要限于唐、五代时期。笔者曾以《禅宗北宗研究》为题,撰写过论文和著述,但限于当时的视野和史料,也只将北宗禅的研究集中于唐末至五代时期。近几年,随着对北宗禅史料的爬梳,笔者发现宋、元、明、清时代依然有北宗禅传播的痕迹,如至明代,有传为代表北宗传承的"北宗五十六字"①之说。元、明时期,在钟山广铸、无迹正海等诸大德的弘扬下,北宗禅在晚明时期一度出现"复兴"的迹象。②

以湖北当阳玉泉寺、度门寺为考察中心,我们可以发现,北宗禅在此地自唐代以来似未中断,正如笑隐大䜣在《荆门州玉泉山景德禅寺碑铭》中所述:

> 自天台至慕容逾四百载,中更为教、为律、为禅,无定居。盖古之寺,凡僧之有道者,咸得主之,非若今分宗云。而天台之教至唐末而绝,其书流高丽,赖韶国师言于吴越钱氏,遣使取其书,至今唯二浙有其徒,他不能遍也。又贞元间,海禅师作《清规》,革律为禅,

---

① "北宗五十六字",内容见于《玉泉寺志》卷二《无迹禅师传》撰者所作的"按语"中。"北宗五十六字"内容如下:"弘神普一修无学,念持三昧不思议。湛然莹彻佛子灯,耀见灵源全杲日。弥满正乘法界广,遍知性相圆觉妙。禅师权实净光明,行愿力身心自远。"此后并有小注:"此字及抵界各目载之张说碑阴,皆烂裂不全。悲夫!"参见[清]李元才续修,释亮山补辑:《玉泉寺志》,白化文主编:《中国佛寺志丛刊》第14册,广陵书社,2011年,第200页。
② 笔者曾撰有《宋明时期的北宗禅》一文,于此文中梳理、讨论了北宗禅在宋代、元代、明代的发展及其传承谱系,参见韩传强:《宋明时期的北宗禅》,《世界宗教研究》,2020年第3期,第84—94页。

四方宗之。以故兹山由慕容中兴,而始定制为禅林矣。慕容以授契真,真以授悟空大师务本,本授惠达,达授芳,芳授承皓。后有昙懿、道成、如晦,皆嗣大慧,而宗琏、希澈、庆恩、思达者,咸列禅祖图。①

玉泉寺,自宋代慕容禅师以后,多是禅林之所,到了晚明,更有常镇、无迹等禅师的弘化,这使玉泉寺再次成为北宗禅的重镇。

《玉泉寺志》中载有王维章撰写的《度门寺无迹禅师碑》,其中有一段特别值得关注,因为其将北宗禅在宋以降的发展进行了简要概括:

大通者,神秀禅师册谥也。秀传普寂,普寂传一行,一行为唐国师,造《大衍历》。至宋乃有慕容,元有钟山,明成化间有广镔,恢崇其旧。镔孙常镇有钟山之遗韵焉。镇之后传五门,虽枝叶颇蕃,然自道场土著之缁流,非法门亲承之嫡胤也。②

依王维章所述,自神秀禅师以降,(唐代)则有普寂、一行、(宋代)慕容、(元代)钟山,而至明代则有广镔,广镔传常镇,常镇传五门(五系),可谓"枝叶颇蕃"。尽管文本的撰者将这种"枝叶颇蕃"视为"非法门亲承之嫡胤",但北宗禅传播的盛况是真实不虚的。

《新续高僧传四集》卷六十一载有《明荆州普仰寺沙门释满秀传》,于其中我们甚至可以看到北宗禅至明代发展的传承谱系:

释满秀,字天柱,自号仓谷老人。初依北宗出家,传大通下二十八世。后参伏牛,发明心要,龙池老人以衣授之。于时有两宗并

---

① 李修生主编:《全元文》第35册,凤凰出版社,2004年,第512—514页。
② [清]李元才续修,释亮山补辑:《玉泉寺志》上册,白化文主编:《中国佛寺志丛刊》第14册,广陵书社,2011年,第341—342页。

立之目,以秀北宗人,南宗法也。及主荆南普仰寺,畅厥宗风,复区南北。有禅者正海自宜都来,与语契之,煅炼三载,即付以北宗。正海别有传。其南宗法派则传之正海云。①

《明荆州普仰寺沙门释满秀传》中对满秀本人的记述不足 200 言,但可谓字字珠玑。至于满秀,则是"初依北宗出家","而后参伏牛,发明心要",并得"龙池老人以衣授之",且"于时有两宗并立之目",更"以秀北宗人,南宗法也"。② 而当满秀"主荆南普仰寺"时,则"畅厥宗风,复区南北"。③ 满秀在住持荆南普仰寺时,因"畅厥宗风",而"复区南北",这标志着晚明时期,北宗禅的"复兴"之势足有再标宗派之资。当然,满秀的愿望在其弟子无迹正海以及无迹正海弟子了凡乘时④那里得到更好的践行。

实际上,根据《新续高僧传四集》《玉泉寺志》等史料所载,无迹正海弟子众多,其中,了凡乘时、恒河律师在禅界乃至佛教界均享有很高的声望,而恒河律师弟子圆惺⑤法师则将北宗禅延传至清初时期。

概而言之,就北宗禅的传承谱系而言,主要有法如系、神秀系、老安系、玄赜系,各系的发展共同构成北宗禅的发展史。不过,就目前掌握的史料而论,法如系、老安系、玄赜系的传承仅限于唐代,唐以降已销声

---

① [民国]喻谦:《新续高僧传四集》卷六十一,《高僧传合集》,上海古籍出版社,1991年,第949页。
② [民国]喻谦:《新续高僧传四集》卷六十一,《高僧传合集》,上海古籍出版社,1991年,第949页。
③ [民国]喻谦:《新续高僧传四集》卷六十一,《高僧传合集》,上海古籍出版社,1991年,第949页。
④ 关于了凡乘时,《玉泉寺志》载有其介绍:"了凡法师,本邑靳氏子,总角之岁辞亲,依报恩寺广通禅师出家。博览儒书,研精内典。策杖南询,遇无迹大师,机教相扣,言下见谛。因付与大法,更名乘时,得续北宗正派,著有《楞严讲录》传世。"参见[清]李元才续修,释亮山补辑:《玉泉寺志》上册,白化文主编:《中国佛寺志丛刊》第14册,广陵书社,2011年,第347页。
⑤ 《新续高僧传四集》卷九载有《清当阳玉泉寺沙门释圆惺传》,圆惺禅师乃玉泉寺恒河禅师弟子。参见[民国]喻谦:《新续高僧传四集》卷九,《高僧传合集》,上海古籍出版社,1991年,第814页。

匿迹,而神秀系则不同,其一直延传至清初。具体来说,北宗禅各系发展如下:(1) 法如系:弘忍→法如→杜朏/元珪;(2) 神秀系:弘忍→法如→神秀→普寂/义福/惠福/降魔藏/敬贤……→一行/弘正/大证/法玩……→慕容(宋)→钟山广铸(元)→广铭→广鏸(明)→常镇(明)/(大通下二十八世)满秀(明)无迹→了凡乘时/恒河→圆惺(清初);(3) 老安系:老安→破灶堕/陈楚章/义琬;(4) 玄赜系:玄赜→净觉→李知非。可见,北宗禅的法脉既有对"东山法门"正统的承继,亦有其内在分化,这使得北宗禅的发展更加丰富和多元。①

二、北宗禅与大唐气象

从史料梳理来看,北宗禅是直承"东山法门"的。那么,北宗禅如何活跃于唐代?与北宗禅同时期的其他禅系乃至宗派发展如何?当时禅宗乃至佛教的发展与唐代政治、经济、文化的发展有何关涉?

在四祖、五祖"经营"东山法门时,禅界还活跃着僧稠禅系、僧实禅系、牛头禅系等。从时间上来说,僧稠禅系、僧实禅系略早,牛头禅系稍迟。高僧道宣在《续高僧传·习禅篇》中有言:

> 高齐河北,独盛僧稠;周氏关中,尊登僧实。宝重之冠,方驾澄安;神道所通,制伏强御。致令宣帝担负,倾府藏于云门;冢宰降阶,展归心于福寺,诚有图矣。故使中原定苑,剖开纲领;惟此二

---

① 关于法如、老安、玄赜禅系的整理、分析和研究,可参见拙著《禅宗北宗研究》第二章节的相关讨论(韩传强:《禅宗北宗研究》,宗教文化出版社,2013 年,第 185—285 页);关于神秀禅系,尤其是宋以降的发展和分化,可参见拙文《宋明时期的北宗禅》(韩传强:《宋明时期的北宗禅》,《世界宗教研究》,2020 年第 3 期,第 84—94 页)的相关分析和讨论。限于篇幅,这里不再赘述。

贤,接踵传灯,流化靡歇。①

从道宣禅师所言"惟此二贤,接踵传灯,流化靡歇"可以看出道宣对僧稠禅系、僧实禅系的高度肯定。潘桂明、吴忠伟教授甚至认为:"道宣在评价北方禅学时对僧稠、僧实系统有所偏爱","惟此二贤"之说,"实际上排斥了同时代还存在的达摩禅以及其他各家的禅"。② 不过,潘桂明、吴忠伟教授也指出,道宣禅师的这一判释"当然是片面的"③。我们暂不讨论道宣禅师所论是否片面,但至少在一定程度上表明,当达摩禅系活跃之时,北方的僧稠禅系、僧实禅系不仅同时存在,而且相当有影响力,这一点是毋庸置疑的。

相较于僧稠禅系、僧实禅系,牛头禅的出现相对较晚,大致肇始于道信—弘忍力倡的"东山法门"时期。牛头禅与东山法门乃至北宗禅的交织,在《景德传灯录》《宋高僧传》中已有呈现,现择其一二以示之④。

在道原所撰的《景德传灯录》中有道信寻访开示法融一段,这段内容颇耐人寻味:道信禅师远道而来,亦可以说是"慕名而来",如此,道信与法融之间的关系就非常微妙。

唐贞观中,四祖遥观气象,知彼山有奇异之人,乃躬自寻访。

问寺僧:"此间有道人否?"

曰:"出家儿那个不是道人?"

祖曰:"阿那个是道人?"

僧无对。

---

① [唐]道宣:《续高僧传》卷二十,《大正藏》第50册,第596页中—下。
② 潘桂明、吴忠伟:《中国天台宗通史》上册,凤凰出版社,2008年,第46页。
③ 潘桂明、吴忠伟:《中国天台宗通史》上册,凤凰出版社,2008年,第46页。
④ 关于牛头禅与北宗禅的交织,笔者曾有相应讨论,参见韩传强:《初期禅的交织》(中文部分),(日本)《国际禅研究》,2020年第6号,第7—20页。

别,僧云:"此去山中十里许有一懒融,见人不起,亦不合掌,莫是道人?"祖遂入山,见师端坐自若,曾无所顾。

祖问曰:"在此作什么?"

师曰:"观心。"

祖曰:"观是何人?心是何物?"

师无对,便起作礼。

师曰:"大德高栖何所?"

祖曰:"贫道不决所止,或东或西。"

师曰:"还识道信禅师否?"

曰:"何以问他?"

师曰:"向德滋久,冀一礼谒。"

曰:"道信禅师,贫道是也。"

师曰:"因何降此?"

祖曰:"特来相访。"①

从"四祖遥观气象,知彼山有奇异之人,乃躬自寻访",到四祖"特来相访",这段机缘真是殊胜。四祖道信不远千里来至牛头山,开示法融禅师,这将牛头禅与东山法门巧妙地关联起来,牛头禅不再孤单,终于与达摩禅系结上了"亲缘"。而《宋高僧传》所述道信与法融的关系,也有深意。

又,信禅师尝于九江遥望双峰,见紫云如盖,下有白气,横开六岐。信谓忍曰:"汝知之乎?"(弘忍禅师)曰:"师之法旁出一枝,相踵六世。"信甚然之。②

---

① [宋]道原:《景德传灯录》卷四,《大正藏》第51册,第226页下—227页上。
② [宋]赞宁:《宋高僧传》卷八,《大正藏》第50册,第754页中。

可以说，《宋高僧传》描述道信与弘忍论及法融的事宜，这显然是一场早已布置好的"独角戏"，其意即在强调"师之法旁出一枝"。①

可见，达摩来华前后，中华大地上活跃的禅系有多派，而在东山法门及其后继者的努力下，最终达摩禅系风靡华夏，禅宗南北两系在不同时段为相应信众所接受和青睐。

实际上，唐代活跃于中华大地的不仅有禅宗，还有天台、华严、唯识、密宗、律宗、净土宗等各宗派，可谓百花齐放，百家争鸣。可以说，唐代是佛教中国化关键时期，也是中国佛教宗派成熟时期。北宗禅在此背景下产生与发展，既根植于繁荣的唐朝经济文化，也得益于佛教诸宗派的促诱。

三、北宗禅消融与式微

北宗禅的消融与式微，看似为"离奇"的事件，实际为"自然"的过程。这种"自然"的消融与式微，总的来说，有三个方面原因，具体如下所析：

第一，"安史之乱"与"会昌法难"动摇了北宗禅发展的根基。道安法师曾言："不依国主，则法事难立。"②这充分道出了执政者对宗教发展的影响。北宗禅之所以能在7世纪末至8世纪中期得以迅速发展，与王室的支持密不可分。神秀、老安、玄赜等相继被诏请入内供养，且被尊为"两京法主，三帝国师"，而神秀、普寂、义福等圆寂，帝王更是哀痛深切，足见北宗禅与当权者关系甚殊。不过，安史之乱让唐王室的朝臣

---

① 本段对《景德传灯录》《宋高僧传》所引及其分析部分，笔者曾以论文形式发表于《初期禅的交织》，见韩传强：《初期禅的交织》（中文部分），（日本）《国际禅研究》，2020年第6号，第7—20页。

② [梁]慧皎：《高僧传》卷五，《大正藏》第50册，第352页上。

关系有了变化,也让以戒坛度僧而供军用的神会重新回到当权者的视野,以至于唐肃宗主政时,神会被邀"入内廷供养,诏将作大匠",并"造禅宇于荷泽"。可以说,安史之乱让禅宗南北两宗的格局发生了重大改变。

如果说安史之乱只是改变了禅宗南北两派的格局,那么,"会昌法难"则影响了禅宗乃至整个佛教的发展步伐。寺毁、经焚,僧尼还俗,会昌法难给佛教带来的浩劫,即便到了宋初,依然是伤痕累累,满目疮痍,这从慕容禅师传记中便可得证。

> 慕容禅师,寺住持,道行高迈,愿力弘深,诸家数术,无不通晓。当明肃刘后初入汴,道经玉泉,师兆为女中天子,极具礼敬。追为后时,诏师,师辞,往长芦,且曰:"玉泉无僧堂,长芦无山门。"后于是敕建二寺,兼赐庄田及镇山宝。①

玉泉寺、长芦寺,这在当时都是重要寺院,玉泉寺曾是"四大丛林"之一,而到宋初则落魄到"玉泉无僧堂,长芦无山门",何其哀哉!

简言之,"安史之乱",使禅宗南北两宗与王室的关系进行了调整;"会昌法难",让禅宗乃至整个佛教的发展,改变了方向和进程。

第二,神会"北伐"与"一花五叶"之兴盛遮蔽了北宗禅的势头。自8世纪30年代神会"北伐"以来,北宗禅不断遭致以神会、宗密为代表的南宗禅僧的批判。这种批判,一方面使北宗禅僧不断自我反思,另一方面也加速了北宗禅的式微。这看似矛盾的论断,实则是相一致的。可以说,神会、宗密等南宗禅僧对北宗禅的批判,不能不引起以普寂、义福等为代表的北宗禅僧的反思,《寂和尚偈》《息诤论》以及北宗"五方便系列"文本等相继出现,或许就是在这种情形下产生的。就此意义而

---

① [清]李元才续修,释亮山补辑:《玉泉寺志》上册,白化文主编:《中国佛寺志丛刊》第14册,广陵书社,2011年,第189页。

言,北宗禅理论在以神会为代表的南宗禅僧的批判下而趋向完善。另一方面,神会的批判不是单方面的,以神会为代表的南宗禅在批判北宗禅的同时,自身也在迅速发展。或者说,以神会为代表的南宗禅僧之所以能批判北宗禅,正是其自身理论与实践不断发展完善的一种呈现。在成书于8世纪70年代的《历代法宝记》中,就有一段无住与体无的对话,颇耐人寻味:

> 时有东京体无师,僧中俊哲。处处寻师,戒律威仪及诸法事,聪明多辩,亦称禅师,是圣善寺弘政禅师弟子。
> 体无问:"和上是谁弟子?是谁宗旨?"
> 和上答:"是佛宗旨,是佛弟子。"
> 和上报(云):"阇梨削发被衣,即是佛弟子,何用问师宗旨?依了义经,不依不了义经。有疑任意问。"
> 体无知和上是金和上弟子,乃有毁言:"希见(言)剑南人不起心:禅师打人,云不打;嗔人,云不嗔;有施来受,言不受。体无深不解此事。"
> 和上答:"修行般若波罗蜜,不见报恩者,不见作恩者。已无所受,而受诸受,未具佛法,亦不灭受。无住从初发心,迄至于今,未曾受(人)一毛发施。"
> 体无闻说,视诸官人云:"禅师言语大葛。"
> 和上问体无:"阇梨(既)口认禅师,云何起心打人、起心嗔人、起心受施?"
> 体无自知失宗旨,瞿然失色,量(良)久不语。问:"和上解《楞伽经》否?"
> 和上答:"解是不解。"
> 诸官人相党语和上:"禅师但说,何用相诘?"
> 和上报诸官人:"若说,恐诸人(官)不信。"

诸官人答言:"信。"

和上即说:"我若具说,或有人闻,心则狂乱,狐疑不信。"即引《楞伽经》云:"愚夫乐妄说,不闻真实惠。言说三苦因,真实灭苦因。言说即变异,真实离文字。于妄想心境,愚生二种见。不识心及缘,即起二妄相。了心及境界,妄忘(想)即不生。"

体无救义,引《法华经》有三乘。和上引《楞伽经》云:"彼愚痴人,说有三乘,不说唯心无诸境界。心无觉知,生心动念即魔网。"

又引《思益经》云:"云何一切法正? 云何一切法邪? 若以心分别,即一切法邪;若不以心分别,一切法正。无心法中,起心分别,并皆是邪。"①

从体无与无住的对话中,我们可以看到北宗禅僧对师承和经典的关注。所以体无禅师开篇便问:"和上是谁弟子? 是谁宗旨?""和上解《楞伽经》否?"而无住禅师的回答则与体无禅师所关注的问题不同,这也从一个侧面反映了两者在关注重点乃至修行理论上的差异。当然,《历代法宝记》所述体无思想是经过《历代法宝记》编撰者编辑后的体无禅师思想,虽然未必精准,但从所涉论旨中可以管窥两系在禅学理论上的分歧与差异。

此外,慧能禅师圆寂后,其弟子除菏泽神会外,尚有青原行思、南岳怀让、南阳慧忠等众弟子,他们的法嗣中更是大德云集,随后演化而来的"五家七宗"声势浩大,逐渐将北宗禅的发展势头淹没。

第三,北宗禅自身理论的分化与完善消融了北宗禅发展的源泉。一个宗派发展到一定程度,出现内在分歧不可避免,而这种分歧在北宗禅内部则一直存在。现择其一二以示之。

先看《传法宝纪》作者对神秀禅系的批判。杜朏在《传法宝纪》结尾处有一段话意味深长:"今大通门人,法栋无挠,伏膺何远,裹足宜行。

---

① 〔日〕柳田圣山:《禅の语录3:初期の禅史Ⅱ——历代法宝记》,东京筑摩书房,1976年,第226页。

勉哉学流,光阴不弃也。"①作为北宗禅早期的禅史,《传法宝纪》此论相信必有所指。

相较于《传法宝纪》的含蓄,《楞伽师资记》则显得更为直接。在《楞伽师资记》中,净觉禅师构建了又一类中国禅宗的传法谱系,即求那跋陀罗→菩提达摩→慧可→僧璨→道信→弘忍→神秀、老安、玄赜→普寂、义福、惠福、敬贤这一传承谱系,而这与几十年前《法如行状》所立的菩提达摩→慧可→僧璨→道信→弘忍→法如这一传承谱系是迥然异趣的。这种区别关键在于两点:(1)将求那跋陀罗置于菩提达摩之前,也即意味着对《楞伽经》译者求那跋陀罗的重视;(2)法如禅师被神秀、老安、玄赜所置换。这一置换弱化了法如及其禅系在整个北宗禅中的地位和作用。

即便到了晚明时期,北宗禅的内部分化依然未息。这在《玉泉寺志》所载的《无迹禅师碑》中便可窥一二。

> 大通者,神秀禅师册谥也。秀传普寂,普寂传一行。一行为唐国师,造《大衍历》。至宋乃有慕容,元有钟山,明成化间,有广镔,恢崇其旧。镔孙常镇,有钟山之遗韵焉。镇之后,传五门,虽枝蒂颇蕃,然自道场土著之缁流,非法门亲承之嫡胤也。②

可见,就《无迹禅师碑》的撰者而言,其对常镇禅师后所传"五门"并不是非常认同。因为在碑文撰者看来,这"五门""虽枝蒂颇蕃",但他们却是"自道场土著之缁流,非法门亲承之嫡胤"。北宗禅的这种内部分化,将北宗禅的其他派系以某种方式排斥在外,在某种程度上也加速了北宗禅在唐末五代的式微。

---

① 黄永武主编:《敦煌宝藏》第 129 册,台北新文丰出版公司,1985 年,第 521 页。
② [清]李元才续修,释亮山补辑:《玉泉寺志》,白化文主编:《中国佛寺志丛刊》第 14 册,广陵书社,2011 年,第 341—342 页。

此外，北宗禅内部理论的分化还表现在北宗禅对密宗以及净土思想的关注，一行禅师便是其中一个典型代表。如此可见，一方面，北宗禅的理论大厦遭致外来的冲击，如来自南宗禅的批判；另一方面，社会发展的环境越来越不利于北宗禅的实践，如"安史之乱"对寺院、经书的破坏。最主要的是，北宗禅在发展中，其内部的理论分歧不断加剧，从而使得北宗禅在"内忧外患"下而逐渐被遮蔽和肢解。从宋代以降玉泉寺禅宗的传承谱系来看，不仅禅宗南北两宗的分界越发模糊，就是禅宗与其他宗派的界限也并非泾渭分明①，以至于明末标以"北宗后裔"的无迹正诲禅师"乃息度门，专净业，昼夜课《弥陀》不辍"，乃至"天台冥契，特表西方；仓古精心，独歌净土"。②可以说，在此情形下，北宗禅不断消融到南宗禅乃至其他宗派之中，逐渐成为"寓宗"。就此而言，北宗禅作为一个宗派，逐渐消融和式微了，而北宗禅作为一种存在，却一直绵延至清初。

---

① 关于此问题的详细讨论，笔者曾有以专题论文形式进行过讨论，参见拙文《宋明时期的北宗禅》，《世界宗教研究》，2020年第3期，第84—94页。
② 韩传强：《〈无迹禅师碑文〉：晚明北宗禅的缩影》，《西南民族大学学报》，2021年第4期，第110—116页。

附　录

一、神秀禅师年谱

现根据《大通禅师碑》《楞伽师资记》《传法宝纪》《新唐书》《旧唐书》《全唐文》《祖堂集》《宋高僧传》《景德传灯录》等史料,结合学界已有研究成果①,梳理神秀禅师年谱如下。

年龄	时间	地点	主要事件	文献依据
1岁	隋大业二年（606）	陈留尉氏县	神秀禅师出生。隋炀帝迁都洛阳,确立科举制度。	《大通禅师碑》《隋书》等
13岁	隋大业十四年/唐武德元年（618）	河南荥阳	王世充扰乱,河南、山东饥疫,神秀禅师至荥阳义仓请粮。隋炀帝杨广在江都被缢杀,隋朝结束。	《传法宝纪》《隋书》等
13—20岁	唐武德元年至唐武德八年（618—625）	东吴、罗浮、庐山等	神秀禅师遇善知识出家,随后游问江表,游历东吴、闽、罗浮、庐山等地和名山,"嘉遁无不毕造",探《易》《道》,昧黄老及诸经传"。唐高祖李渊称帝,建立唐朝,开始了唐朝的统治。	《传法宝纪》《旧唐书》《新唐书》等

---

① 参见拙著《禅宗北宗研究》,宗教文化出版社,2013年,第211—212页。

（续表）

年龄	时间	地点	主要事件	文献依据
20岁	武德八年（625）	天宫寺	神秀禅师受具足戒。	《大通禅师碑》《传法宝纪》等
46岁	唐永徽二年（651）	蕲州	神秀禅师赴湖北蕲州，参诣弘忍禅师。	《传法宝纪》
52岁	唐显庆二年（657）	蕲州	神秀禅师在五祖弘忍禅师处"服勤六年，不舍昼夜"后，"涕辞而去，退藏于密"。	《大通禅师碑》
52—71岁	唐显庆二年至仪凤元年（657—676）	或在天居寺	神秀禅师辞别五祖弘忍禅师，"后岁迁适，潜为白衣"，其"或在荆州天居寺十所年"。	《传法宝纪》
71—74岁	仪凤元年至仪凤四年（676—679）	玉泉寺	仪凤年间，神秀禅师"重现禅林"，"始隶玉泉，名在僧录"。	《大通禅师碑》
84岁	永昌元年（689）	玉泉寺	法如禅师圆寂，神秀禅师依据"付嘱"以"东山法门"继任者身份开始传法。	《传法宝纪》
84—96岁	永昌元年至大足元年（689—701）	玉泉寺东禅寺	神秀禅师重出禅林，或于玉泉、宿松等地传法布道。① 神秀禅师的两个主要弟子——普寂禅师、义福禅师，在拜诣法如禅师未果后，依"法如之嘱托"，前往神秀禅师处习道。	《传法宝纪》《宿松县志》《康熙安庆府志》《大智禅师碑铭并序》《大照禅师塔铭》等

---

① 据《传法宝纪》载："及忍禅师迁化，又曰'先有付嘱'，然十余年间，尚未传法。自如禅师灭后，学徒不远万里，归我法坛，遂开善诱，随机弘济，天下学徒，莫不望会。"（参见拙著《禅宗北宗敦煌文献录校与研究》，江苏人民出版社，2018年，第48页）而根据《宿松县志》卷五之《寺观》所载："东禅寺，在治左。相传神秀禅师出家双峰东山寺，为五祖所器重。后至宿松，曰：'吾绍东山之禅，开法于此。'故名。一作'大通禅师道场'。天宝三年重建，元末毁，明洪武元年复建，景泰、天顺、弘治历有建修。崇祯乙亥（1635）又毁，僧建后殿，国朝顺治己亥（1659），建大殿、山门。"（参见《宿松县志》，道光八年刻本）可见，神秀禅师开始传法是在法如禅师圆寂之后，而法如禅师圆寂于689年。因此，神秀禅师在湖北荆州玉泉寺、安徽宿松东禅寺传法应该就在这期间。

(续表)

年龄	时间	地点	主要事件	文献依据
96岁	大足元年（701）	洛阳	武则天发中使诏请，奉迎神秀禅师入两京传法。神秀禅师入京，武则天问神秀禅师"所传之法，谁家宗旨""依何典诰"，神秀禅师回答为"禀蕲州东山法门""依《文书说般若经》"之"一行三昧品"。	《楞伽师资记》《传法宝纪》等
100岁	神龙元年（705）	洛阳尉氏县	神秀禅师请归本州，未得应允。敕于本生村置报恩寺。	《大通禅师碑》《楞伽师资记》《传法宝纪》等
101岁	神龙二年二月二十八日（706）	洛阳天宫寺	怡然坐化，遗嘱"屈曲直"三字。礼葬龙门山。	《楞伽师资记》《传法宝纪》等
	神龙二年至开元三年（具体时间不详）	洛阳当阳	赐于神秀禅师塔所置度门寺。岐王范、燕国公张说、征士卢鸿（一），各为碑诔。驸马、都尉、公主，"咸设祭文"，唐中宗册谥"大通禅师""大通和上"。	《大通禅师碑》《传法宝纪》《宋高僧传·神秀传》《旧唐书·神秀传》

二、北宗禅传承谱系

北宗禅远绍达摩禅系，近承"东山法门"，自法如肇始以来，历经唐、五代、宋、元、明、清诸朝，虽中有式微，但法脉不断，谱系绵延。

就禅宗的师承法脉而言，北宗禅是直承"东山法门"的，法如禅师是得五祖弘忍禅师"付嘱"，并在弘忍禅师圆寂后最早出来弘传"东山法门"法脉的。法如以降，神秀、老安、玄赜相继布道弘法，将北宗禅的发展推向了更为广阔的空间。同时，根据《注〈心经〉》《菩提达摩南宗定是非论》等文献所载,北宗禅最早自称为"南宗",意为"南天竺一乘宗"。后神会在"滑台无遮大会"以"地域"之别而置换了北宗禅的"南宗"之名。以师承为基础,北宗禅构建了众多谱系,概而言之,主要有四脉:

(1) 法如系:弘忍传法如,法如传杜朏、元珪,元珪虽有弟子智严、仁素,但自此已传承不明,逐渐淡出禅界。

(2) 神秀系:弘忍传法如,法如传神秀,神秀传其弟子普寂、义福、惠福、降魔藏、敬贤等,普寂传一行、弘正、广德等,广德传大证,这是唐代北宗禅神秀系的传承。传统意义上研究北宗禅神秀一系,至唐、五代似乎戛然而止,实际上并非如此。事实上,神秀一系法脉一直延传至清初。简要而言,宋代有慕容,元有钟山广铸,明有广铭、广鐆、常镇、满秀,而满秀被视为"传大通下二十八世",满秀传无迹正诲,无迹正诲传了凡乘时、恒河律师,恒河律师将禅法传于圆惺,而圆惺禅师已是活跃于清初的高僧了。

(3) 老安系:老安传破灶堕、陈楚章、义琬等禅师,自义琬法孙明演后,老安禅系的法脉已非常模糊。

(4) 玄赜系:玄赜传净觉,净觉传李知非、尹玄度、郑遏等弟子,自此以后,玄赜禅系法脉不明。

北宗禅在鼎盛时期,其发展遍及全国诸多省份,诸如安徽、甘肃、河北、河南、湖北、湖南、江苏、江西、山东、山西、陕西、西藏、浙江等多个省份以及日本、新罗等众多国家。在这些地区和国家中,以湖北、河南、陕西为重镇,北宗禅获得了广泛的发展。不仅如此,北宗禅在鼎盛时期,其僧众数量呈几何式增加,仅在有唐一朝,有明确文献记载的北宗禅僧众就有 330 人以上,而没有载入史册的,则更是不计其数。

由此可见,北宗禅的法脉及传承谱系既有对"东山法门"这一正统的承继,亦有内在的分化,这使得北宗禅的发展更加丰富和多元,体现了北宗禅之发展渐具枝繁叶茂之势。

关于北宗禅的传承谱系,可参下图。

附录 213

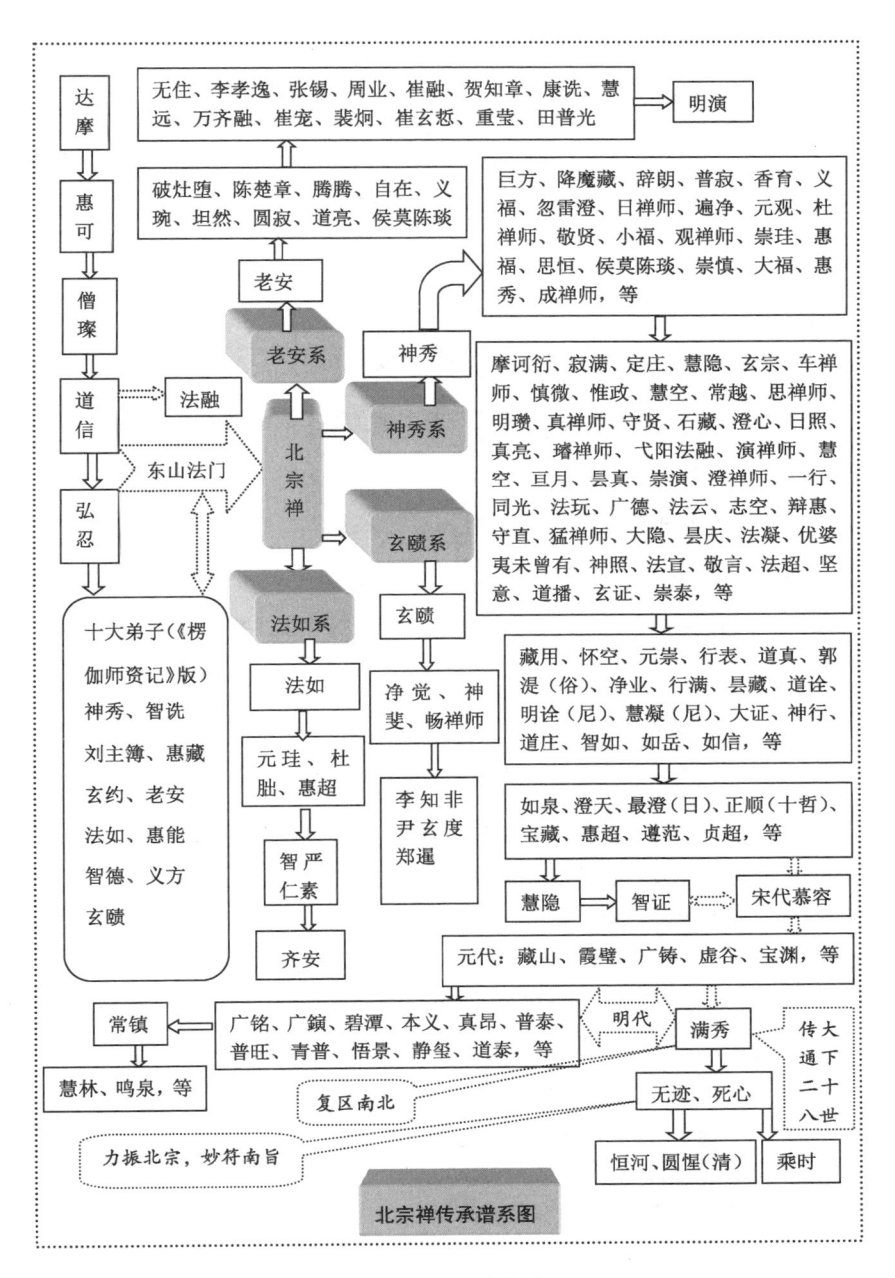

北宗禅传承谱系图

达摩 → 惠可 → 僧璨 → 道信 → 弘忍

道信 ⇢ 法融（东山法门）

弘忍十大弟子（《楞伽师资记》版）：
神秀、智诜、刘主簿、惠藏、玄约、老安、法如、惠能、智德、义方、玄赜

北宗禅分系：老安系、神秀系、玄赜系、法如系

老安系
老安 → 无住、李孝逸、张锡、周业、崔融、贺知章、康诜、慧远、万齐融、崔宪、裴炯、崔玄恕、重莹、田普光 → 明演

老安 → 破灶堕、陈楚章、腾腾、自在、义琬、坦然、圆寂、道亮、侯莫陈琰

神秀系
神秀 → 巨方、降魔藏、辞朗、普寂、香育、义福、忽雷澄、日禅师、遍净、元观、杜禅师、敬贤、小福、观禅师、崇珪、惠福、思恒、侯莫陈琰、崇慎、大福、惠秀、成禅师，等

→ 摩诃衍、寂满、定庄、慧隐、玄宗、车禅师、慎微、惟政、慧空、常越、思禅师、明瓒、真禅师、守贤、石藏、澄心、日照、真亮、璿禅师、弋阳法融、演禅师、慧空、亘月、昙真、崇演、澄禅师、一行、同光、法玩、广德、法云、志空、辩惠、守直、猛禅师、大隐、昙庆、法凝、优婆夷未曾有、神照、法宣、敬言、法超、坚意、道播、玄证、崇泰，等

玄赜系
玄赜 → 净觉、神斐、畅禅师 → 李知非、尹玄度、郑遥

→ 藏用、怀空、元崇、行表、道真、郭涅（俗）、净业、行满、昙藏、道诠、明诠（尼）、慧凝（尼）、大证、神行、道庄、智如、如岳、如信，等

→ 如泉、澄天、最澄（日）、正顺（十哲）、宝藏、惠超、遵范、贞超，等

慧隐 → 智证 ⇢ 宋代慕容

法如系
法如 → 元珪、杜朏、惠超 → 智严、仁素 → 齐安

元代：藏山、霞璧、广铸、虚谷、宝渊，等

常镇 ⇐ 广铭、广鎭、碧潭、本义、真昂、普泰、普旺、青普、悟景、静玺、道泰，等
慧林、鸣泉，等

明代 → 满秀 → 无迹、死心 → 恒河、圆惺（清） → 乘时

传大通下二十八世

复区南北

力振北宗，妙符南旨

北宗禅传承谱系图

参考文献

说明：

1. 佛教典籍部分以该文献在《大正藏》《续藏经》(《大正藏》指《大正新修大藏经》，《续藏经》指《卍新纂续藏经》)等所收册数的排列先后为序，同一册经论，以撰写、翻译时间先后为序；

2. 古籍文献部分以出版时间先后为序；

3. 现代论著(含专著、编著、译著、校注本等)、期刊论文等以出版时间为序，同一时间出版的著述，以作者姓名汉语拼音为序。

（一）佛教典籍

[后秦]佛陀耶舍共竺佛念等译：《长阿含经》，《大正藏》第1册。
[东晋]佛陀跋陀罗译：《大方广佛华严经》，《大正藏》第9册。
龙树撰，[后秦]鸠摩罗什译：《大智度论》，《大正藏》第25册。
[唐]法海集：《南宗顿教最上大乘摩诃般若波罗蜜经六祖惠能大师于韶州大梵寺施法坛经》，《大正藏》第48册。
[宋]延寿集：《宗镜录》，《大正藏》第48册。
[元]宗宝编：《六祖大师法宝坛经》，《大正藏》第48册。
[梁]慧皎：《高僧传》，《大正藏》第50册。
[唐]道宣：《续高僧传》，《大正藏》第50册。
[宋]赞宁：《宋高僧传》，《大正藏》第50册。
[宋]道原：《景德传灯录》，《大正藏》第51册。
《历代法宝记》，《大正藏》第51册。
[唐]宗密：《圆觉经大疏钞》，《续藏经》第9册。
[民国]喻谦：《新续高僧传四集》，《高僧传合集》，上海古籍出版社，1991年。

（二）古籍文献

《张燕公集》,《钦定四库全书》本。
《张说之文集》,《四部丛刊》本,上海涵芬楼藏明代嘉靖十六年刻本。
《张说之文集》,清代彭元瑞跋明代抄本。
《张说之文集》,清代东武李氏研录山房抄本。
《张说之文集》,清代光绪三十一年仁和朱氏刻《结一庐剩余丛书》本。
《庐山慧远法师文钞》,国光印书局,1935 年。
《张燕公集》,王云五主编:《丛书集成初编》,商务印书馆,1937 年。
[宋]李昉编:《文苑英华》,中华书局,1966 年。
[后晋]刘昫等:《旧唐书》,中华书局,1975 年。
[元]释大䜣:《蒲室集》,《禅门逸书初编》,明文书局,1981 年。
[清]陆增祥:《八琼室金石补正》,《石刻史料新编》第 1 辑第 7 册,台北新文丰出版公司,1982 年。
[清]缪荃孙:《艺风堂金石文字目》,《石刻史料新编》第 1 辑第 26 册,台北新文丰出版公司,1982 年。
[清]董诰等编:《全唐文》,上海古籍出版社,1990 年。
[宋]欧阳修、宋祁:《新唐书》,中华书局,1995 年。
任继愈主编:《中华传世文选:唐文粹》,吉林人民出版社,1998 年。
周绍良主编:《全唐文新编》,吉林文史出版社,2000 年。
李修生主编:《全元文》,凤凰出版社,2004 年。
[宋]朱熹:《四书集注》,凤凰出版社,2005 年。
[清]李元才续修,释亮山补辑:《玉泉寺志》,白化文主编:《中国佛寺志丛刊》第 14 册,广陵书社,2011 年。

（三）现代论著(含专著、编著、译著、校注本等)

〔日〕常盘大定、关野贞:《中国文化史迹》第 10 辑(图版),东京法藏馆,

1940 年。

〔日〕柳田圣山:《初期禅宗史书の研究》,东京法藏馆,1967 年。

〔日〕柳田圣山:《禅の语录 3:初期の禅史 Ⅱ——历代法宝记》,东京筑摩书房,1976 年。

蓝吉富主编,陈援庵编:《现代佛学大系 3·释氏疑年录(卷二)》,弥勒出版社,1982 年。

汤用彤:《汉魏两晋南北朝佛教史》,中华书局,1983 年。

John R. McRae, *The Northern School and the Formation of Early Ch'an Buddhism*, Honolulu: University of Hawaii Press, 1986.

佛学书局编纂:《实用佛学辞典》,浙江古籍出版社,1974 年。

黄永武主编:《敦煌宝藏》(1—140 册),台北新文丰出版公司,1981—1986 年。

施宣圆等主编:《中国文化辞典》,上海社会科学院出版社,1987 年。

任继愈:《中国佛教史》,中国社会科学出版社,1988 年。

喻朝刚、张连第等主编:《中国古代诗歌辞典》,四川人民出版社,1989 年。

凌凤章、张寿生主编:《九江人物志稿》,九江市地方志办公室,1992 年。

潘桂明:《中国禅宗思想历程》,今日中国出版社,1992 年。

Bernard Faure, *Chan Insights and Oversights: An Epistemological Critique of the Chan Tradition*, Princeton: Princeton University Press, 1993.

杜继文、魏道儒:《中国禅宗通史》,江苏古籍出版社,1993 年。

华夫主编:《中国古代名物大典》,济南出版社,1993 年。

张舜徽主编,崔曙庭、王瑞明副主编:《后汉书辞典》,山东教育出版社,1994 年。

葛兆光:《中国禅思想史——从 6 世纪到 9 世纪》,北京大学出版社,1995 年。

[明]袁中道著,步问影校注:《游居柿录》,上海远东出版社,1996 年。

杨曾文编校:《神会和尚禅话录》,中华书局,1996 年。

中国历史大辞典历史地理卷编纂编委会编:《中国历史大辞典·历史地理》,上海辞书出版社,1996 年。

王尧主编:《佛教与中国传统文化》,宗教文化出版社,1997 年。

陈桥驿主编:《中国都城辞典》,江西教育出版社,1999 年。

杨曾文:《唐五大禅宗史》,中国社会科学出版社,1999 年。

郑州历史文化丛书编纂委员会编:《郑州市文物志》,河南人民出版社,1999 年。

[唐]韩愈著,严昌校点:《韩愈集》,岳麓书社,2000 年。

洪修平:《禅宗思想的形成与发展》,江苏古籍出版社,2000年。
[唐]沈佺期、宋之问撰,陶敏、易淑琼校注:《沈佺期宋之问集校注》,中华书局,2001年。
范之麟主编:《全宋词典故辞典》,湖北辞书出版社,2001年。
姜子夫编著:《朝圣三峡玉泉寺——财富文明的神圣寺院》,中国藏学出版社,2004年。
蓝吉富主编:《禅宗全书》第1册,北京图书馆出版社,2004年。
徐文明:《中土前期禅学思想史》,北京师范大学出版社,2004年。
张岂之主编,刘学智副主编:《中国学术思想史编年·隋唐五代卷》,陕西师范大学出版社,2006年。
李翰文编:《话说唐朝帝王》,黄山书社,2007年。
印顺:《中国禅宗史》,江西人民出版社,2007年。
邹元初编著:《中国宰相》,华文出版社,2007年。
胡适:《禅学指归》,陕西师范大学出版社,2008年。
潘桂明、吴忠伟:《中国天台宗通史》,凤凰出版社,2008年。
张同印编著:《历代书迹集粹·隶书》,湖南美术出版社,2008年。
钱玉林、黄丽丽主编:《中华传统文化辞典》,上海大学出版社,2009年。
佛尔著,蒋海怒译:《正统性的意欲——北宗禅之批判系谱》,上海古籍出版社,2010年。
张岱年主编:《中国哲学大辞典》,上海辞书出版社,2010年。
胡晓光编:《唯识要义探究》,宗教文化出版社,2011年。
孙君恒编著:《荆楚佛寺道观》,《荆楚文化丛书·胜迹系列》,武汉出版社,2012年。
韩传强:《禅宗北宗研究》,宗教文化出版社,2013年。
熊飞校注:《张说集校注》,中华书局,2013年。
萧振士:《中国佛教文化简明辞典》,世界图书出版公司,2014年。
杜文玉主编:《寺庙道观》,西安出版社,2018年。
韩传强:《禅宗北宗敦煌文献录校与研究》,江苏人民出版社,2018年。
徐彻、李焱:《佛界百佛》,上海三联书店,2019年。

(四)期刊论文

[日]松本文雄:《神秀伝に于ける二·三の問題について》,《印度学佛教学

研究》,1957 年第 5 集第 1 期。

任继愈:《禅宗哲学思想略论》,《哲学研究》,1957 年第 4 期。

孙述圻:《菩提达摩与梁武帝——六朝佛教史上的一件疑案》,《南京大学学报》,1984 年第 3 期。

徐文明:《禅宗第八代北宗弘正大师》,《敦煌学辑刊》,1999 年第 2 期。

〔日〕石井公成:《梁武帝撰〈菩提达摩碑文〉の再检讨(一)》,《驹泽短期大学研究纪要》,2000 年第 28 号。

〔日〕小岛岱山:《菩提达摩石碑碑文并参考资料》,《世界宗教研究》,2001 年第 1 期。

袁德领:《法如神秀与北宗禅的肇始》,《敦煌研究》,2001 年第 1 期。

纪华传:《菩提达摩碑文考释》,《世界宗教研究》,2002 年第 4 期。

方立天:《慧能创立禅宗与佛教中国化》,《哲学研究》,2007 年第 4 期。

韩传强:《佛教何以融入中国》,《河南师范大学学报》,2010 年第 5 期。

任乃宏:《二祖庙〈菩提达摩碑〉碑文复原及考释》,《文物春秋》,2012 年第 3 期。

韩传强:《〈大唐故勃逆宫人志文并序〉的录校与研究》,《宁夏大学学报》,2017 年第 3 期。

韩传强:《敦煌写本〈导凡趣圣心决〉录校与研究》,《敦煌研究》,2018 年第 5 期。

韩传强:《宋明时期的北宗禅》,《世界宗教研究》,2020 年第 3 期。

韩传强:《初期禅的交织》(中文部分),(日本)《国际禅研究》,2020 年第 6 号。

韩传强:《〈无迹禅师碑文〉:晚明北宗禅的缩影》,《西南民族大学学报》,2021 年第 4 期。

(五) 网络资源

中国国家图书馆官方网站(http://www.nlc.gov.cn)。

国际敦煌项目(http://idp.bl.uk/)。

法国国家图书馆(gallica.bnf.fr/ark:/12148/btv1b83040551/f43.image)。

孔夫子旧书网之"微古籍"(http://www.kongfz.cn/33059745/pic)。

后　记

笔者与北宗禅结缘，始于在南京大学读博期间，当时博士论文的选题便是《禅宗北宗研究》。从接触北宗禅至今，屈指算来，已十载有余。十多年来，在散杂的资料中，尽可能去梳理、探寻北宗禅发展足迹，以期不断走近北宗禅。

《大通禅师碑》是神秀禅师圆寂后不久由张说撰文、卢藏用书丹的一份碑文。千余年来，该碑文不断被重刻、传抄，历久弥新，是研究北宗禅的重要史料。遗憾的是，目前保存完整的碑刻乃至拓本甚为罕见，实属可惜。

禅学素以机锋而行，佛法常以因缘立论。2019年7月，笔者受邀前往北宗禅祖庭度门寺、玉泉寺调研、参访，有幸拜读度门寺收藏的《大通禅师之碑》拓本，遂生整理、校勘该文本的念头。近两年来，笔者虽杂事繁多，但始终没忘整理该文本的"执念"，每天晚上睡觉前想着文本整理的进度，每天早上起来，至少挤出半个小时来书写前一天的思考和想法。就这样，历时两年，此书即将付梓，虽有颇多感慨，一时间却无以言诠。

感谢度门寺住持释宽悟方丈、度门寺常住释常慈法师、山西凯嘉能源集团路斗恒先生的资助和加持，感谢赖永海先生、董群先生、麻天祥先生、马德教授、王月清教授、杨维中教授、陈永革研究员、侯冲教授、韩焕忠教授、杨立新研究员、刘因灿博士等各位师友给予的帮助，感谢利川博物馆提供的文本资源，感谢滁州学院各位领导的支持和鼓励。同事王英、学生周静茹对书稿进行了校对，感谢她们的辛劳。

本书的出版，得到笔者主持的安徽省高校古籍整理研究项目"《大通禅师之碑》校释与研究"（gxgj2021006）、安徽省人文社科重大项目"敦煌写本汉语佛教医药文献辑释"（SK2020ZD43）及2021年度安徽省高校学科（专业）拔尖人才学术资助项目（gxbjZD2021012）的经费资助，特此感谢。

韩传强　谨记

2021年12月28日于醉翁亭畔

图书在版编目（CIP）数据

心镜孤悬：《大通禅师碑》校释与研究 / 韩传强著. —北京：商务印书馆，2022
ISBN 978-7-100-20894-9

Ⅰ.①心… Ⅱ.①韩… Ⅲ.①碑刻—拓本—研究—当阳—唐代 Ⅳ.① K877.424

中国版本图书馆 CIP 数据核字（2022）第 045670 号

权利保留，侵权必究。

心镜孤悬
《大通禅师碑》校释与研究
韩传强　著

商　务　印　书　馆　出　版
（北京王府井大街36号　邮政编码100710）
商　务　印　书　馆　发　行
南京新世纪联盟印务有限公司印刷
ISBN　978－7－100－20894－9

2022年8月第1版　　　开本 718×1000　1/16
2022年8月第1次印刷　印张 14¼

定价：75.00元